花嫁着付け師という仕事

杉山幸恵
Sachie Sugiyama

GENTOSHA
幻冬舎 MC

はじめに

清らかな空気に包まれた神社の神殿――伝統的な和の衣装を身にまとった花婿さん・花嫁さんは、厳かで格調高い雰囲気のなかで婚礼を迎えます。古式ゆかしい白無垢姿は、多くの列席者の視線を集めます。

婚礼衣装の着付けをする花嫁着付け師には、高度な技術が求められます。

まず、美しく着付けるには土台づくりとなるボディの補正が重要です。一人ひとりのボディラインを活かし、着付けたあとに最も美しく見えるよう、計算しつくして行います。

前姿には、衿元を美しく見せるための三角形の黄金バランスというものがあり、裾の部分は、全体のシルエットを意識した末広がりのきれいなラインを見せる〝形付け〟と呼ばれるテクニックがあります。

後ろ姿の帯の位置であれば、いちばん美しく見える位置を追求します。これらはほんの一例ですが、美しい花嫁姿を目指すには細部にまで気を配る必要があります。

これらの技術は、着付けた直後の美しさだけに寄与するものではありません。数時間におよぶ式の間に着崩れないことはもちろん、織りや染め刺繍、金加工、文様が施された重量のある婚礼衣装をまといながらも、心地よく過ごしてもらうことも花嫁着付け師の仕事です。

さらに、花嫁着付け師の仕事は「着付けをして終わり」ではありません。何気ない会話から花嫁さんの思いを汲み取り、精神面でもサポートをしながら「特別な自分になる日」を一緒につくり上げていく仕事でもあります。

着付けの技術に加え、接客の妙やおもてなしの心ももち合わせていないと仕事として成り立たないのも花嫁着付け師です。結婚式の進行など婚礼全体のことを理解しながら、お客様のためにベストを尽くす結婚式をサポートできてこそ、本物の花嫁着付け師といえるのです。

私は2012年に『着付け師という仕事』を上梓しました。おかげさまで、出版後すぐに重版、そして改訂版を経て今なお、書店に置かれるロングセラーとなっています。着付け師を目指す方やブライダル関係者だけでなく、「和装の結婚式をしたい」という方にも手に取っていただけたようです。

そして今度は、ワンランク上の着付け師といえる「花嫁着付け師」をテーマに、この仕事の魅力をお伝えしたいと考えました。

本書では衿合わせのバランスや褄取りの方法など、最高の花嫁スタイリングを生み出す技術をご紹介します。さらには、現在のスタイリングにもつながる日本の花嫁衣装の歴史を紐解くことも試みました。

着付け師として35年、これまでに1万件以上の着付けを手掛けてきた私の経験をもとに、技術や心得など花嫁着付け師の奥義を余すことなくお伝えします。

今、花嫁着付け師の技術は、日本ならではの文化として世界から注目されています。私も、日本が誇る花嫁着付けの技術と文化を、展覧会などを通じて世界に発信し始めていました。

ぜひ、ご一緒にこの道を追求しながら、〝本物〟の花嫁着付け師を目指しませんか。経験と技術のすべてがご自分の財産になるという喜びを享受しましょう。

ご自分の魅力を知り、磨く方法は、どこか手の届かないはるか遠くにあるのではなく、今すでにあなたのもとにあるということに気づかれるはずです。

杉山幸恵

運営していた「ラッセンブリ広尾」

はじめに――2

第1章
「花嫁着付け師」を極めるということ
「着付けが好き」だけではプロになれないのが花嫁着付け師――10
品のあるスタイリング法則の発見は現場の研鑽を積むのみ――12
伝統文化と伝統技術を継承するのも花嫁着付け師――14

第2章
杉山幸恵の花嫁スタイル
白無垢　もっとも格調高い白無垢をアーティスティックに仕上げる――18
色打掛　古典的な赤に緑の差し色とボール状の髪型が独創的なモード感を醸し出す――26
引き振袖　帯の結びと立ち姿の美しい引き振袖は
ラグジュアリーさと艶やかさを出していく――34
振袖　母の振袖を娘が継承して装う「ママ振袖」で着物の魅力を蘇らせる――42

第3章

覚えておきたい！　花嫁衣装の基礎知識

模様
花嫁衣装の歴史と基礎知識 —— 46
花嫁衣装のトレンドと変遷 —— 48
本物のアンティーク着物の素晴らしさに触れてほしい —— 50
織り
織りの伝統技術、技法を知る —— 52
染め・刺繍
染め・刺繍の伝統技術、技法を知る —— 54
花嫁衣装
和装婚礼の代表的衣装の原則 —— 56
花嫁衣装の美を象徴するかつらで美バランスを図る —— 58
現代の和装花嫁の感性に合う小ぶりなシルエット —— 60

第4章

目からウロコの花嫁着付け技術

補正編
TIPS1 —— 65
長襦袢編
TIPS2 —— 68
胸元決め編
TIPS3 —— 70
裾決め編
TIPS4・TIPS5 —— 72
帯編
TIPS6 —— 74
打掛編
TIPS7・TIPS8・TIPS9・TIPS10 —— 77

第5章 杉山幸恵の和装スタイリングの世界

和装スタイリング法則1 美バランスであること —— 86
和装スタイリング法則2 テイストをつくる —— 88
和装スタイリング法則3 パステルカラー使い —— 90
和装スタイリング法則4 独創的な感性 —— 92
和装スタイリング法則5 大胆に変化させる —— 94

第6章 ワンランク上の「花嫁着付け師」になるためには

唯一無二の花嫁着付け師になるためには —— 98
美意識を高めるためにしていること —— 108
ビジネス感覚を研ぎ澄ます —— 112
心のあり方と保ち方 —— 120

おわりに —— 124

第1章

「花嫁着付け師」を極めるということ

花嫁着付けは、高度な「技術」と「接客」が求められる
着付けのなかでもワンランク上の仕事です。
晴れの日の上質を醸し出すために、
理論の伴った技術を用い、
最高の和装美バランスを引き出し、ゲストを魅了します。
また、日本の結婚式の厳かな意味を知り、
匠の伝統技術と同様、着付け技術も継承していく。
ここでは、私が花嫁着付け師として大切にしている
3つのポイントをお伝えします。

「着付けが好き」だけではプロになれないのが花嫁着付け師

プロの「花嫁着付け師」には着付け教室で着付けを習っていればなれると思う方も多いかもしれません。一方で教室で習い、そのうえで独学で花嫁着付け師になる方もいます。実は、私もその一人です。

人によっては、なんらかの縁で着付け師の世界に一歩足を踏み入れたというのに、花嫁着付け師になる方法がわからず悩んでいたり、「私なんかなれるのだろうか」と思っているという人も多く、実際に現場へ行って「着付けの仕事だけして終わり」という人も多いと見受けます。そこから脱却したいと、私のところに花嫁着付けを学びに多くの女性が訪れます。どなたも技術を学んで着付けの数をこなせば上手になることは間違いありません。

ですが、「着付けが好き」だけでは、プロになれないのがこの花嫁着付け師の世界です。私の生徒さんで、娘の結婚式に自分の手で着付けたい。だから花嫁着付けを習うという方がいました。月日をかけてコツコツと学び続け、ついに、娘さんの晴れの日には、習得された上質な装いをつくりあげることができました。生徒さん本人はもちろん、新郎新婦とご家族、私もその感動はひとしおでした。

その生徒さんは、それをきっかけに多方面に視野を広げ、プロの花嫁着付け師として活躍されています。

身につけられることは、基礎技術のノウハウや美しく見える方法論はもちろんのこと、介添えから引き上げまで、神社内でのゲストのサポートなど、接客面でもお客様に満足いただけることすべてです。花嫁着付け師は、これだけのオールラウンドな仕事ができてこそ、和婚プランナー、和装スタイリストなど、着物専門分野をトータルにできるようになっていきます。

この例からもわかるように、まずは、自分の目標をもち、そこに向かって歩んでいくことが大切です。やり続けていることが自信やプライドになっていき、ひいては励みにつながります。


一方、ある程度着付け師として仕事をこなし、花嫁着付け師を目指している方もいるでしょう。仕事にも慣れ、自分の技術にも自信がついてプライドをもっているかもしれませんが、日々の仕事で壁にぶつかったときこそ、「大きなプライドは自分の邪魔になるが、小さなプライドは自分の励みになる」ことを肝に銘じてください。

花嫁の特別な日に着付けをすることは大きな責任と重圧感が伴います。それだけに、ご家族に喜ばれたあとの達成感は、なににも代えがたい醍醐味と励みになっていくでしょう。

ぜひ、和装の内面から出る奥ゆかしさの魅力や和装婚礼の素晴らしさを感じ、目的を明確にし、「好き」というだけではなく、着付けの喜びを共に享受できる方に花嫁着付け師になってほしいと願っています。

品のあるスタイリング法則の発見は現場の研鑽を積むのみ

私の花嫁着付けには法則があります。一生に一度の花嫁姿を美しく演出する技術として、「黄金バランス」の観点から着付けをしているのですが、それはヘッドドレスから衣装までをトータルバランスに富んだ内容でスタイリングすることです。ただし、独自の和装スタイルに行きつくまでは、ひたすら現場での研鑽が必要でした。その方にとってなにが一番似合うのかを探りながら、小物や髪型の黄金バランスを考えながら花嫁衣装の印象を高めていきます。

今思えば、2008年頃に一度、花嫁着付け師としてのターニングポイントがありました。

それまで、和装婚礼は伝統的な白打掛で、白無垢はもっとも格式が高い婚礼衣装ですから、逸脱することはなかったのですが、ある芸能人の神前結婚式で衝撃的なヘッドドレスを見せられたのです。

花嫁は白無垢姿にユリやカサブランカを大胆にヘッドドレスとして使用し、髪の毛はダウンスタイルで現れました。一瞬、驚きましたが、私の場合は以前から、花嫁着付けにドレスの要素を取り入れていましたのでそのヘッドドレスを見て、「和装の髪型もここまでしていいのね」と膝を打ったものです。

これまで、着付け師として活動しているなかでウェディングドレスのデザインから、美しいバランスを発見していました。たとえば、女性の美しさは、首からつながる肩のラインであるといった点などです。そのため、着物の着付けもその部分を綺麗に見せるように、衿合わせの部分に「美の三角形」をつくる法則も考えました。ドレスというのは、いろいろなデザインがあり、パターンによってシルエットが変化しますが、和装の着付けもまた、立体的な型紙をつくるパタンナーと同じではないかと思っていました。それは、「ドレスはインナーで整えていき、着物は補正で整えていく」という考え方です。

さらに、花嫁着付け師は、花嫁一人ひとりに向かい合い、何がその人に合っているのかを探りつつ美的バランスを整えていく、視覚的な設計を行うデザイナーともいえます。つまり千人いたら千通りのラインをつくれるということです。

そのように、私の和装スタイリングがドレス的にオリジナリティを帯びてくると、世の中にも同様の着付けや洋髪のヘッドドレスブームがやってきました。私は、このようなトレンドが世間の和装離れを戻してくれるならいいと期待しました。

ただし、決して突飛ではなく、「品は失わないこと、初々しいこと」が私の鉄則です。そしてこのような発見や経験は、すべて自分の財産になると信じました。これは自分が成長できる貴重な財産でしかない。今後の自分の仕事の引き出しを増やすことと疑わずに突き進んできたのです。

伝統文化と伝統技術を継承するのも花嫁着付け師

現在日本では、結婚式を挙げるカップルの70%が、洋装スタイルを選択しています。残念なことに、結婚式のみに着ることが許される花嫁衣装のことや、婚礼の儀式、衣装を継ぐ歴史についてなど、知る人は少ないでしょう。結婚式をサポートしていくウェディングプランナーでさえも、本当の意味での和装婚礼を知らない人もいるくらいです。

今後、日本の結婚式がいかに変わっていくとしても、歴史と文化のなかで育まれ洗練されてきた日本古来の花嫁衣装を継承していくのは、私たち「花嫁着付け師」しかいません。「花嫁着付け師」もまた、日本の伝統文化であり、日本の伝統技術の継承者でもあるのですから。

白無垢、色打掛はいずれも、本金箔などがほどこされた衣装であったり、美麗さを極めた本手描友禅、愛らしさや重厚感を感じさせる相良刺繍など、名匠とうたわれる着物作家のものがたくさんあります。絹で織りあげ、手技で仕立てた極上の意匠に触れることができるのも花嫁着付け師だからです。このような第一礼装としてゆるぎない品と格、奥ゆかしい日本の心を表す花嫁衣装を前に、私はときとして、着付けるときに手が震えるぐらいになることもあります。それぐらい価値のある、昭和初期までにつくられたアンティーク着物に出合い、触れることができるのは幸せなことなのです。

私のスタイリングは、アンティークの着物を古いだけのイメージで終わらせず、新しい小物合わせや、パステル調の色使いでＯｌｄ＆Ｎｅｗの世界観をつくり出してきました。そのため、毎年新しい感性を求めて京都を訪れ、希少なアンティークの花嫁衣装を探します。

京都では、100年以上も前の職人さんの卓越した伝統技術に感服しています。日本には、染・織り・箔などの技術を駆使した素晴らしい「着物」という民族衣装があることにあらためて気づかされます。

日本の美しい花嫁をつくるスペシャリストになるためには、日本の民族衣装である着物のなかでも、結婚式のみに着ることが許される花嫁衣装、婚礼の儀式と衣装を継がれてきた歴史を学び、知識や形として技術として活かすアーチザン（熟練した職人）になって今の花嫁さんに伝えていくことです。

楽な婚礼の現場はひとつもありません。でも、私は厳しい環境でできる仕事は必ず自分を成長させてくれていると思っています。これはベテランでも新人でも変わりはありません。大変な現場ほど自分を成長させてくれます。

嬉しいことに、現在、花嫁に着物を着付ける「花嫁着付け師」の技術が、その文化とともに世界に注目されています。日本の伝統文化をはじめ「ジャポニズム」を誇りに思い、この日本の素晴らしさを海外へ伝えていきたいと思います。

第2章

杉山幸恵の花嫁スタイル

伝統的な花嫁衣装の王道である
『白無垢』『色打掛』『引き振袖』。
杉山幸恵の花嫁スタイルは
結婚式のテーマや儀式のスタイルに合わせて
クラシカルから最新モードの融合など
アートな世界を彷彿とさせる
スタイリングバリエーションです。

白無垢《しろむく》

もっとも格調高い白無垢をアーティスティックに仕上げる

真っ白な色は邪気を払い、神聖な儀式に臨む際に身につける色とされ、白無垢はいつの時代においても不動の人気を誇るスタイルです。

婚礼を祝う列席者の方々にも静かな感動を与え、神前式、仏前式、人前式など、すべての形態で神聖な誓いを叶える衣装です。

生地には鶴や鳳凰、松竹梅など縁起の良い模様が施されているものもあり、同じ白無垢でも、生地の風合いや刺繍によって印象や雰囲気が変わってきます。

伝統技術を今に伝える職人たちが丹念につくり上げていますから、その技術を引き立たせつつ、どこかで最新モードを感じさせ、時には軽やかに、時にはドラマティックに響き合う美の世界を表現します。

はこせこや懐剣などの小物もすべて白で統一し、日本髪に綿帽子や角隠しと呼ばれる被り物を合わせるのが正式な装いとされますが、私の場合はアーティスティックにつくり上げるのが特徴です。

鶴が舞う姿からインスパイアされた
純白に輝く唯一無二のスタイリング

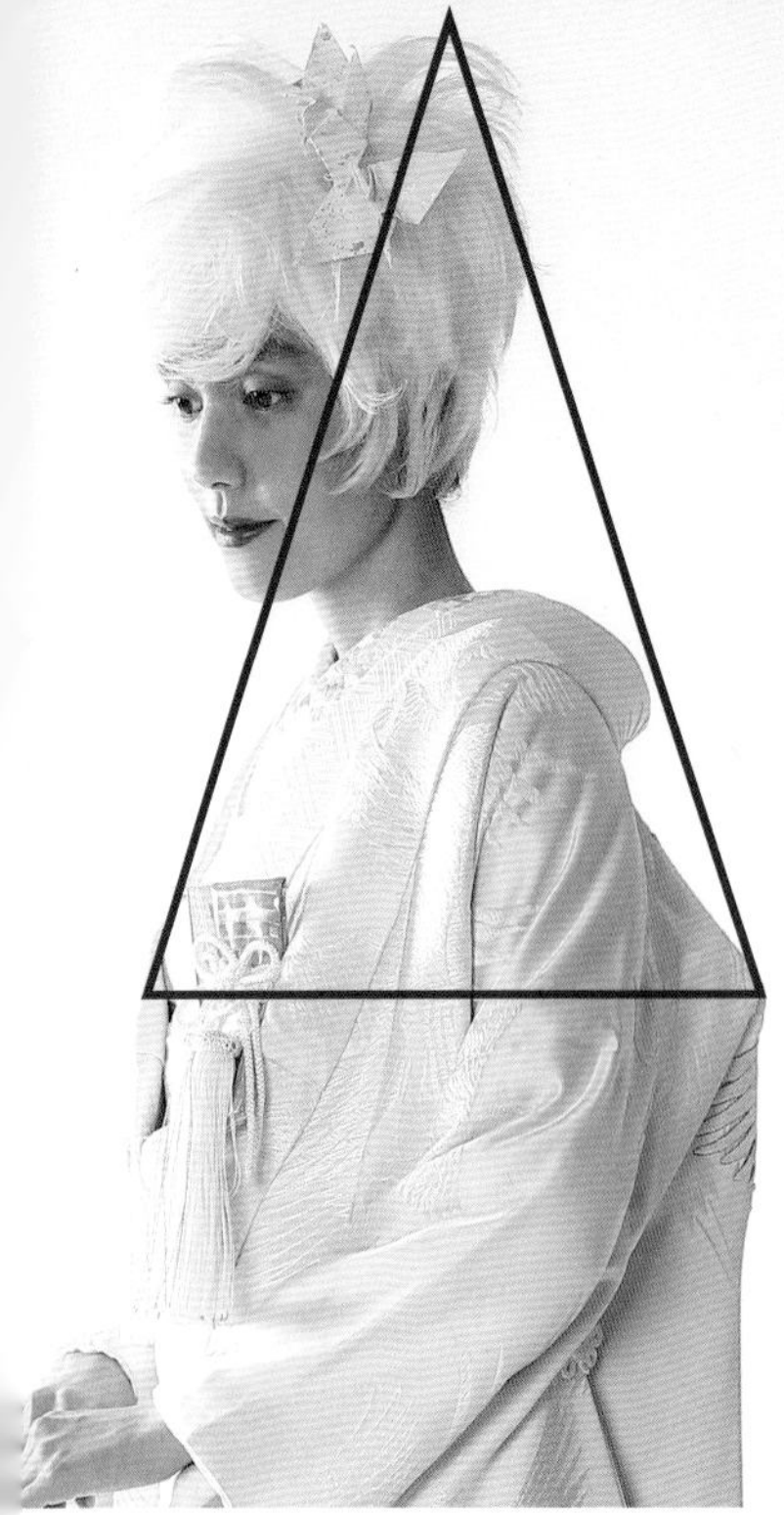

ゴールドと白の組み合わせが白無垢の格式と気品を忘れない

花嫁姿は360度どこからも美しく見えるように意識して着付けます。特に、後ろ姿は盲点になりやすいので、あえて鶴の刺繍が絵画のごとく映るように衣紋を美しく抜きます。白無垢の素材は天然の絹を用いた「正絹」が伝統的です。上品な光沢があり、光の角度で美しい印象に。天然ならではのやや生成り色も日本人の肌になじみます。

横から見る姿は頭からバストトップまでが「美の二等辺三角形」をつくるようにバランスを取ります。そのため、いつでもヘアと着物はトータルで考えることを心得ておいてください。

ホワイトウィッグに折鶴で大胆に変身

大胆な白の洋髪ウィッグを用いて、毛先も遊びニュアンスを出すことで、古式ゆかしい白無垢のイメージをモダンに変えました。洋髪はウィッグなどでいかようにも自由にアレンジできます。今回は和紙で鶴を折り、乗せてみました。

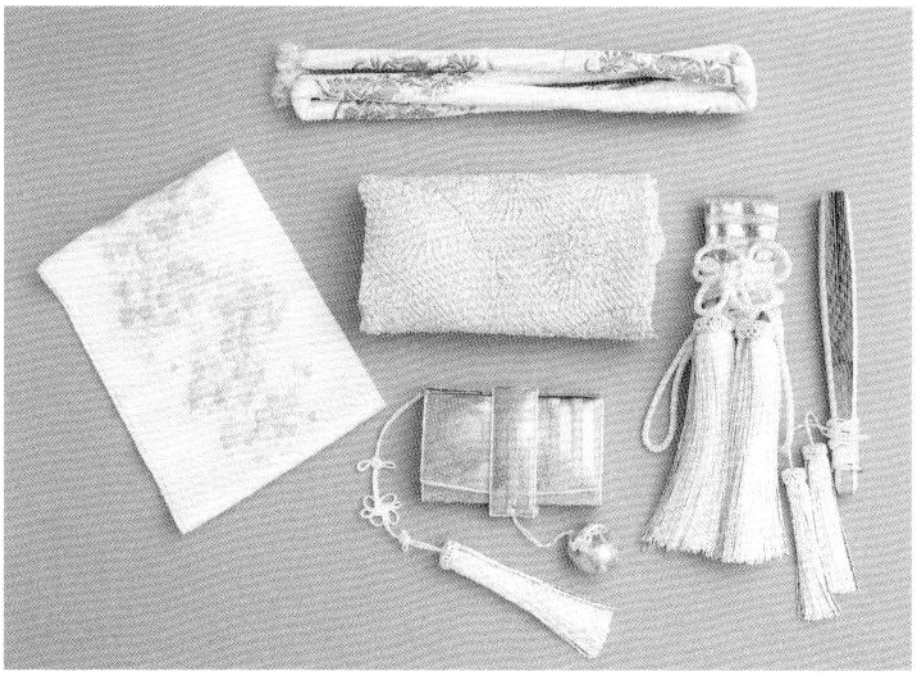

純白のなかにゴールド系の差し色を

衿元はゴールド系の花柄が施された刺繍半衿を入れ、上品さを醸し出します。同系色で、はこせこ、懐剣、末広をコーディネート。同じ白無垢でも伝統と最新モードの共存が実現するスタイルの完成です。

相良刺繍の松梅鶴が立体的に浮かび
金銀水引の艶やかさと見事に共演

松梅鶴のおめでたい模様が際立っている白無垢姿は、相良刺繍の玉結びが立体感と落ち着いた美しさを醸し出しています。全体を白で統一し、水引きの髪飾りをプラスして、粋な表情を演出しています。

緞子織に梅蘭竹菊の艶やかさと
赤のラインで重ねのように魅せる

緞子織は表面がなめらかで光沢が美しいのが特徴。梅蘭竹菊の織模様がくっきりと浮かび上がってとても豪華な印象です。赤のラインが入ることで着物を重ねて着ているようにも。新日本髪アレンジと合わせて古典とモダンを融合したコーディネートに。

新日本髪をアレンジし可憐で奥ゆかしい花嫁に

白無垢は作家もので特殊技法。鶴だけが流麗に織られ上品さを醸し出しています。新日本髪を現代風にするためにべっ甲にパールが入ったかんざしで可憐にコーディネート。衿はべっ甲に合わせて飴色を入れてなじませました。

流水柄がシルクドレスを思わせる
モダンさと清楚さの融合を華やかにまとって

白無垢は、ウェディングドレスを彷彿させるような光沢のあるシルク。そのイメージを生かすようにヘッドは大胆に高くした新日本髪にし、べっ甲のかんざしと生花をコーディネートし、幸せな高揚感を出しました。

色打掛

いろうちかけ

古典的な赤に緑の差し色とボール状の髪型が独創的なモード感を醸し出す

金銀、色とりどりの金糸を使った手織りや丁寧な手染め友禅などにより、何ものにも代えがたい華やかな光を放ち、花嫁を至高の美しさに導くのが色打掛スタイルです。色は赤や金、黒などさまざまあり、柄も縁起が良いとされる鳳凰や鶴、梅や松竹梅などバリエーションが豊富です。幾人もの匠の手により、織りや箔、金糸や銀糸を豪華にほどこした衣装は、花嫁の個性を生かすことができるので、私の場合は、ヒアリングを重ねて「テーマ」を決め、コーディネートを決定していきます。

白無垢が元来、神仏の前で結婚を誓う挙式のみに用いられる衣装であるため、厳かさを重視される反面、色打掛は、披露宴で用いられることが多いです。今では、時を経て受け継がれた豪華で雅なものからモダンなものまで、幅広く華やかな着物が多くあります。

ヘアスタイルは、白無垢同様に角隠しを合わせたり洋髪にするなど、アレンジの幅が利くのも色打掛の魅力です。鮮やかさを演出できる色打掛は、花嫁の個性を見ながらドレス感覚でつくり込んでいきます。

赤のちりめんに手刺繍の鶴は
緑の差し色で高貴な花嫁を演出する

一面の鶴の手刺繍を魅せ 横姿は二等辺三角形で美しく

赤のちりめん地に手刺繍の鶴が施されている図柄は、まるで一枚の絵画を観るようです。ゴールドのあしらいが艶やかさを増しているので、トータルバランスを考えたときにあまり色を入れないよう、それでいて着物のなかのゴールドをヘアアレンジに加えるなどの工夫をしました。

刺繍の立体感と色彩の美しさを活かすため、格調高いイメージを醸し出します。しかし、花嫁はどこか可愛らしさを残したいので真横の美の二等辺三角形がその部分を担いました。古典とモダンの融合が魅力的なコーディネートです。

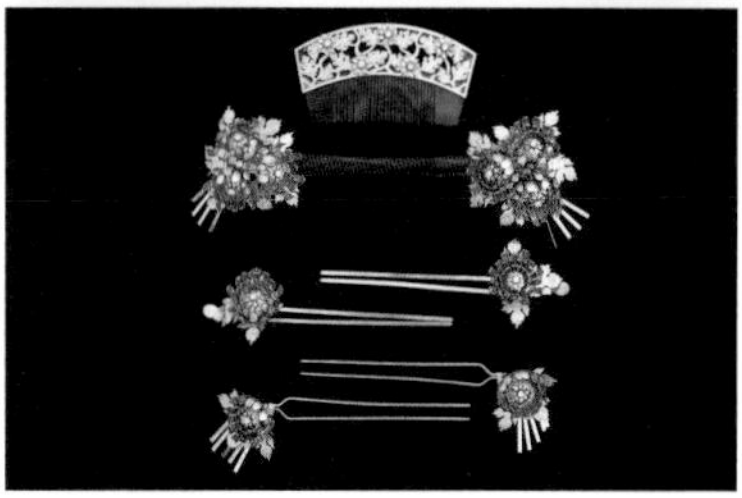

ボール状のヘッドが可愛い

格調高い手刺繍の色打掛が厳かになり過ぎないようにヘアデコレーションで可愛さを演出しました。髪の毛をボール状に巻き付け、彫金のかんざしをあしらえ優美な印象に。

打掛を主に差し色は粋な緑で

小物はシンプルに統一し、白×金の小物を合わせました。差し色で帯揚げと伊達衿に緑を入れ、艶やかさにオリエンタルモダンな雰囲気を醸し出しました。

淡いピンク地に鶴が舞う古典柄は粋で上品に仕上げる

淡いピンク地にシルバーの鶴柄の色打掛はおめでたい色、赤のポイントを引き立たせ、花嫁さんの可愛さを存分に表現しています。ピンクのエナメル素材の花飾りは光沢感があり、全体の仕上がりに華やかさをプラスしています。

鮮やかな緑が目を引く存在感。
鳳凰と金駒刺繍が重厚感を醸し出す

羽二重の地に手刺繍の鳳凰と金駒刺繍の技法も取り入れた貴重な色打掛です。吉祥模様の花々が鳳凰のまわりに優雅にあしらわれています。赤の差し色を入れることで、花嫁らしい印象に。ヘッドセットに和紙を取り入れ雅やかなコーディネート。

全面羽ばたく鳳凰柄と煌めく真紅色がアーティスティックなコーディネート

鳳凰が描かれた真紅の鮮やかな色打掛は、衿元と生花の白が映え、モード感のある印象的なスタイルです。ヘッドは地毛でアップにし、髪まわりには、打掛にある羽をモチーフに赤い羽をあしらっています。

古典的な伝統色とモダンな青を
合わせることでこれまでにない表現を

古典的な色彩に「青」の差し色を入れただけで新しい感覚の着こなしを楽しめます。ヘッドにはつまみ細工と和紙の小物を使い、伝統職人の継承する想いとコラボレーションしました。

引き振袖

ひきふりそで

帯の結びと立ち姿の美しい引き振袖は
ラグジュアリーさと艶やかさを出していく

クラシックな雰囲気のなかで女性らしい美しい立ち姿が魅力の引き振袖。江戸時代から武家や裕福な町人の間で人気が高かったという引き振袖は、大振袖とも呼ばれ、一般的な振袖（中振袖）に比べて袖が長く、裾にふき綿が入った女性らしい優美なラインが特徴です。神前式では、文金高島田に角隠しを合わせて格調高く、披露宴では生花をあしらった洋髪で、華やかな和装コーディネートにすることもできます。

私のスタイリングは、ドレス感覚の艶やかさでまとわせるのが特徴です。引き振袖スタイルは、凛とした佇まいで、きりりとした品性を放ち、控えめながら個性的な花嫁を演出していきます。小物の色合わせで様々な表情を楽しめるのも引き振袖の魅力。ヘアスタイルは、色打掛同様に角隠しを合わせたり、洋髪にするなど、さまざまなアレンジを楽しめます。

引き振袖の黒は色打掛の赤色、白無垢の白色と合わせ、結婚式でも最も格調が高い色とされ人気です。上品で豪華なイメージももち合わせ、大人っぽい印象を与えるようにつくります。

伝統柄を引き立てるように
帯も華やぎを加えていく

黒引き振袖には格調高い「矢立て系」の帯結びを

豪華な刺繍が引き立つ黒引き振袖は、ドレスのマーメイドラインを意識してつくっています。また、打掛を羽織らないことで、帯が見せ場になるので格調高い「矢立て系」の帯結びで仕上げます。帯締めを黒で引き締め、衿元と抱え帯などをやさしい色目のベージュで統一し、しとやかな印象に。引き振袖のコーディネートは小物の合わせ方でモダンにもスタイリッシュにもできるので花嫁らしさを残しつつ、チャレンジできる衣装です。ヘッドも個性的にすることで新しいスタイリングを発見していくと良いでしょう。

水引を利用したヘッドドレス

最近は角隠しを使わず洋髪で黒引き振袖を着こなす提案を多くしています。新しい個性的な和装の婚礼シーンとして、黒引き振袖は注目されています。

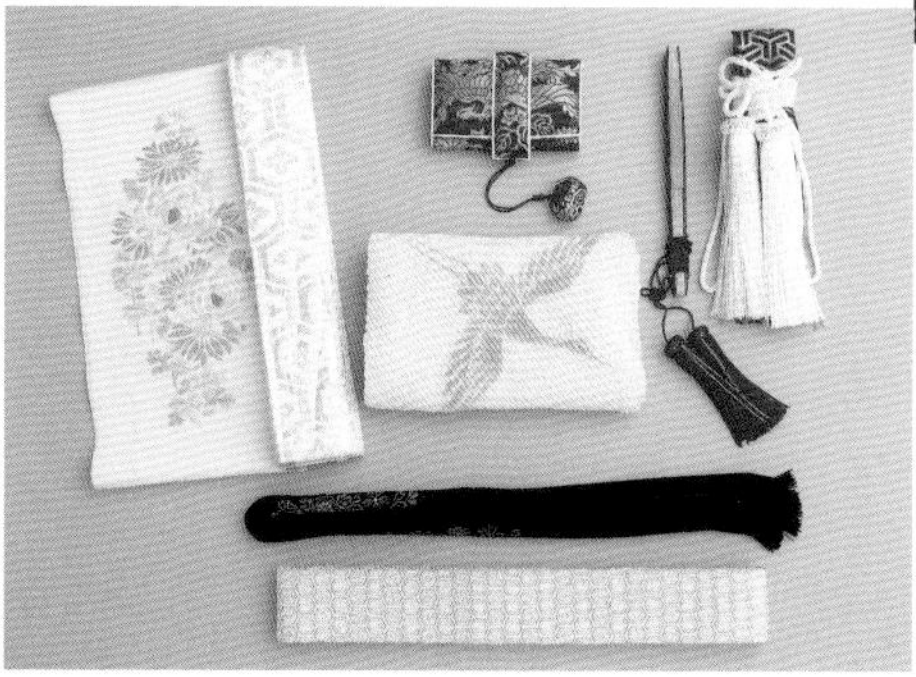

刺繍を引き立てる刺繍半衿と小物

黒引き振袖はすっきりとしたシルエットになり、比較的動きやすい和装といえます。花嫁らしさを醸し出すために、アンティークのはこせこや懐剣、末広を赤にして華やぎを加味しました。

色を抑えたシンプルコーディネートが
松葉菊模様の細かい手刺繍を引き立たせる

赤の引き振袖は、昭和初期の貴重なもの。細かい手刺繍の豪華さがひときわ際立つように、あえて多くの色使いをせずに、ゴールド系とベージュ系でなじみのよいコーディネートを。繊細な意匠で装う花嫁の雅やかな美しさを表現。

金駒刺繍と絞りの手染め刺繍のコラボレーションで伝統を引き出す

金駒刺繍と絞りの手染め刺繍のコラボレーションは希少価値のある引き振袖。扇と菊の模様がカラフルに咲き、打掛の豪華さを楽しめます。そのモチーフに合わせてヘッドドレスも大ぶりなものを組み合わせて晴れの日を艶やかに演出します。

黄色に濃紺の小物合わせでフランス色を取り入れた洗練のコーディネート

梅、菊、楓など四季の草花に優雅な几帳があしらわれた、あでやかな引き振袖。目を引く黄色に濃紺の小物合わせでフランス色を取り入れた洗練のコーディネートで。アンティークな色かんざしが似合います。

染めの「松」と「御所車」の雲取り模様は
新日本髪と合わせてクラシカルな印象に

長寿の証として表現される松と御所車を合わせた雲取り模様を取り入れ染めあげられています。古典柄を躍動感溢れる四季の花々に配した、大胆な構図。特別な日にふさわしい豪華な色打掛の衣装が晴れの日を飾ります。

振袖

ふりそで

母の振袖を娘が継承して装う「ママ振袖」で着物の魅力を蘇らせる

未婚女性の第一礼装であり、成人式などでも着用する馴染みのある中振袖は、着用できる最後の機会として、お色直しや会食におすすめします。花嫁衣装として着用する場合は、はこせこやかかえ帯などの花嫁小物を合わせ、通常の帯より格の高いものにしたり、結び方を花嫁姿に合わせたものにするなどして、婚礼の衣装として仕度をしていきます。

また、和装の婚礼衣装のなかで最も動きやすいため、披露宴や二次会などに選ばれることが多いようです。

中振袖は小物合わせでより花嫁向けにできます。ぜひ、タンスに眠っている振袖がある方に、母娘の継承として着物の魅力を蘇らせることをおすすめしてください。昨今、シンプルに式を挙げたいと希望する方も増えているので、費用の面でもコストを抑えたいという方には喜ばれると思います。

パステル調の差し色が効く

前身頃を美しく魅せるために「美の黄金比」はシンメトリーを守り、おはしょりや帯幅の和装美バランスを整えます。

帯は高めで矢立て系が映える

帯と着物とのバランスを欠かないように。ちょうど良いのは高めで、大きめの矢立て系です。

振　袖
黒絽地松鶴宝尽し模様（昭和16年）

第3章

覚えておきたい！
花嫁衣装の基礎知識

和装婚礼は、
約1000年もの歴史のなかで培われてきた
様式美の集大成でもあります。
それは描かれる模様であったり、織りや染めの意匠
伝統的な衣装やかつらなどからもわかります。
「花嫁着付け師」として
身につけておきたい知識をまとめました。

模様

花嫁衣装の歴史と基礎知識

婚礼衣装の特徴としてまずあげられるのが、『吉祥模様』が施されているということです。幸福や繁栄への祈りや願いを込め、「この上なくめでたいこと」「めでたい兆し」という意味を視覚化し、知らしめたものです。『吉祥模様』には中国から伝えられたもの、日本発祥のものがありますが、中国から伝わったのちに、身近な文物への置き換えがされた模様や、日本において吉祥の意味が強まった模様などもあります。

中国発祥の模様には、蓬莱模様や松竹梅、日本発祥の模様には橘、御簾や御所車、檜扇など江戸時代になって吉祥の意味をもつようになった模様もあります。この時代は、人々が平安時代の文学に親しむようになり、「平安時代は古き良き時代」として受け入れられるようになり、平安時代を連想させる文物は『吉祥模様』として捉えられるようになったようです。これらの模様はほかの『吉祥模様』などと組み合わされて、婚礼衣装に用いられています。

花嫁着付け師は、数多くの花嫁衣装と接する機会が多いので、『吉祥模様』にはどのようなものがあるのかおさらいして身につけておくと良いでしょう。

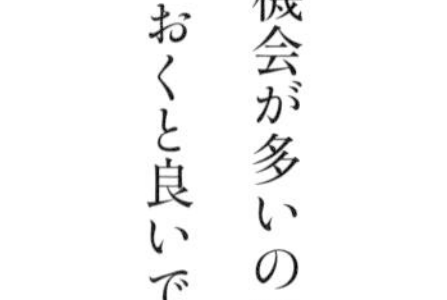
檜扇

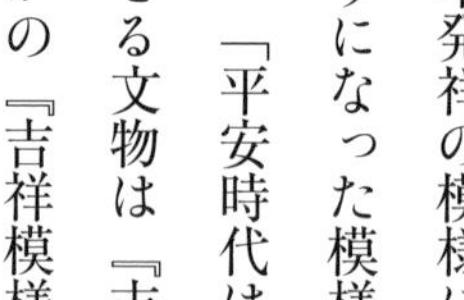
橘

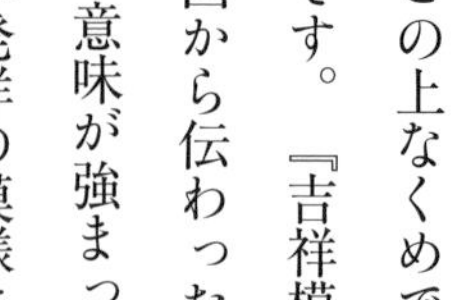
御簾

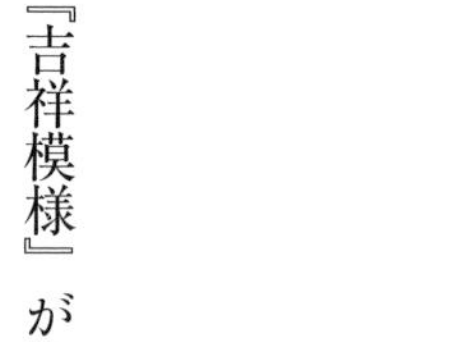
鶴と亀

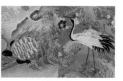

覚えておきたい婚礼衣装に施される「幸せを祈る吉祥模様」の数々

松竹梅	松竹梅は中国では歳寒三友と呼ばれ、節操と清廉の象徴とされたが、日本においては、吉祥模様としての意味合いが強い。
四君子	梅・竹・蘭・菊を合わせた模様。これらの植物が草木や花のなかでも気品があり高潔であるとされ、君子に求められる美徳と重なることからこのように呼ばれるようになった。
菊	秋を代表する花。延命長寿の霊草として中国から伝わった。尾形光琳の画風を思わせるような単純化された意匠の菊は光琳菊と呼ばれる。
桐	中国の想像上の瑞鳥である鳳凰が棲むとされる。
橘	日本の伝説において、遠方の海上にあると考えられた不老不死の国である常世の国の果物とされ、長寿と子宝の象徴とされる。
蓬莱模様	中国で不老不死の仙人が住む理想郷とされた蓬莱山を表しており、岩座(いわくら)や州浜(すはま)から生い立つ松竹梅などに鶴・亀が描かれる。日本では想像上の植物が松竹梅に、鳳凰・龍は鶴亀というように、身近なものへの置き換えが行われ、日本的に意匠化されている。
牡丹	中国で「百花の王」とも称され、富貴の象徴でもあった。
亀	亀は鶴と合わせ長寿を象徴する代表的な模様であり、特に蓑亀は瑞兆(めでたい前兆)とされた。
鶴	亀とともに、長寿を象徴する。松喰い鶴は、中国で鳥がリボンや花枝をくわえた模様を和様化したもの。
鳳凰	桐の木に住むとされる中国の想像上の瑞鳥。瑞鳥とはめでたいことの起こる前兆とされる鳥。
御所車	牛車の俗称。平安時代を連想させることから、江戸時代以降、吉祥模様として扱われた。
宝尽し	中国から伝わった模様であるが、中国の文物を隠れ蓑や打ち出の小槌、分銅といった日本の文物に置き換え独自の宝尽し模様がつくり出された。
御簾	宮殿や社寺で用いる場合のすだれの呼称。平安時代を連想させることから、江戸時代以降、吉祥模様として扱われた。
檜扇	ヒノキの細長い薄板を重ねた扇。男子のものは白木のままであるが、女子のものは美しく彩色される。平安時代を連想させることから、江戸時代以降、吉祥模様として扱われた。

御所車

鳳凰

鶴

宝尽し

明治時代

打　掛

茶羽二重地扇松竹梅模様（明治43年）

散らされた扇面には六歌仙や風景、草花のほか、高砂の尉、姥の能面が描かれています。表地の落ち着いた色合いとは対照的に、裏地は鮮やかな橙色の地に牡丹や菊、萩、桔梗、芙蓉などの花々が描かれている。

江戸時代

打　掛

鼠縮緬地松竹梅鶴亀模様（江戸末～明治）

蓬莱模様の打掛。亀は甲羅に生えた藻を尻尾のように後ろに長く引いた蓑亀（みのがめ）の姿で表されている。亀は鶴と合わせ長寿を象徴する代表的な模様であり、蓑亀は特に瑞兆（ずいちょう）とされた。

花嫁衣装のトレンドと変遷

日本の婚礼の儀式は、時代、地域、階級によって風習が異なりますが、人生最大の典礼を厳粛に華麗に装うため、古典的な伝統を重んじたものが用いられてきました。時代によってトレンドはさまざまです。

特別な衣装が着用されるようになるのは、鎌倉時代以降に始まった嫁取婚からです。室町時代に入って婚姻形態が主流になると、結婚は家と家とを結びつける重要な事柄となり、婚礼にまつわる儀式もそれぞれの家の威信をかけた儀式となっていきました。室町中期の武家婚礼の故実を記した『よめむかへの事』には、花嫁花婿は2日

昭和時代

振　袖

黒絽地松鶴宝尽し模様（昭和16年）

鶴や松のほか、亀甲のなかに宝尽し模様が配された夏用の絽地の振袖。宝尽しは中国から伝わったが、中国の文物を隠れ蓑や打ち出の小槌、分銅といった日本の文物に置き換え、独自の宝尽し模様となった。

大正時代

打　掛

赤羽二重地幔幕火焔太鼓模様（大正12年）

大正12年に金沢から東京へ嫁いだ際の婚礼衣装。打掛には御所車の幔幕（まんまく）、火焔太鼓が配され幔幕には家紋も描かれている。

間を白装束ですごし、3日目に色物に着替える色直しが行われたとあり、この頃に現代へとつながる婚礼衣装の形式が成立したと考えられています。江戸末期から明治時代は裕福な町人女性が用いた小袖や打掛は綸子が多く使われ、刺繍や絞り染めといった立体的な技法、裕福な町人女性の様式を引き継いだもので、主に婚礼衣装に用いられた総模様の着物では、縮緬や繻子が用いられるようになりました。大正時代は化学染料を用いた地色や模様が色鮮やかになり、植物模様は伝統的な日本の植物のほかに洋花も加わりました。昭和時代の婚礼衣装は、吉祥模様を施した黒地の留袖、黒地や色物の振袖も用いられるようになりました。

※P44、P46～49の画像提供／東京家政大学博物館

本物のアンティーク着物の素晴らしさに触れてほしい

私が新しい感覚で花嫁スタイルを提案するときは、「伝統と現代の融合」をテーマにスタイリングします。そのベースとなる白無垢や色打掛は、必ずアンティーク衣装を使用するのです。それは、色使いや刺繍や織りなど、現代では見られない高度な技術が施されているものが多いからです。そのいにしえの高級な打掛に現代色の小物などを合わせるいわばOld&Newのコーディネートによって、思ってもいなかった新たな発見があります。花嫁着付け師であれば、ぜひ本物のアンティークの『織り』、『染め』、『刺繍』にまずは触れてほしいと思います。

初めに触れるものがミシン縫いのプリント大量生産の着物だと、着付けながらも「どこかがひきつれて余計な力を加えないと体に巻きつかない」など苦労します。さまざまな衣装を経験することは大切ですが、「本物の着物を着付けるから本物になっていく」ともいえます。「正絹」のなめらかさを実感することができ、着付けがうまくなった気分にもなります。

しかしアンティーク着物はとてもデリケートなので、絶対力任せに着せ付けてはいけません。

空気を抜きながらボディに沿わせるように着せ付けていきます。シワの取り方も要注意です。着物を引っ張ることはできないので、いかにシワをつくらず着付けるかが課題です。伝統柄や色などに特徴があるアンティーク着物を軸にしたコーディネートを楽しんでほしいと思います。

このようなアンティーク衣装とは、どこで出合うと思いますか？　私は年に2回京都の衣装屋さんに仕入れに行きます。京都には、伝統的な染めや織りの技法を取り入れてつくる花嫁衣装のメーカーはたくさんありますが、アンティーク衣装屋さんは希少です。私にとっては芸術作品の山での宝探しになります。高級な打掛など、華やかな婚礼衣装が全盛だった昭和時代に比べると、作家さんも少なくなり、伝統技法の継承が難しい業界になってきています。だんだん衣装が少なくなり、出合えるのも大変な状況ではありますが、店主に学び、教えを請いながら真剣にセレクトします。

多くの方々がアンティーク衣装を通じて伝統文化に親しみ、個々の感覚で現代に合わせた創造性のある花嫁スタイルを提案していただければと思います。

織り

織りの伝統技術、技法を知る

日本には、各所に残る大切に受け継がれてきた伝統の技術と、私たちの先人が長い年月をかけて日本の気候風土に適した、日本人の体型に合った衣服を考えてきた歴史があります。

「織り」技術は、色染めした糸を織って模様を描いた『織りの着物』と、織ってから染める『染めの着物』の『先染めの着物』ともいわれるものがあります。

『錦織』は室町時代、京都が舞台となった「応仁の乱」のあと、職人たちが集まって織物を始めたことが起源といわれています。錦は「金」と等価値とされる「帛（はく・絹）」を組み合わせた文字で「故郷へ錦を飾る」といわれるとおり、豪華な織物をさす言葉です。さまざまな色糸や金銀糸を用いて模様を織り出す紋織物では、京都の西陣織が有名です。あらかじめ必要な色に染めた糸で織り出す「先染め」で、振袖や礼装用の帯に用いられるほか、袋物や法衣や舞台衣装、表具、能衣裳などにも長く利用されてきました。

緞子織

なめらかな手触りの緞子織で
繊細な織りと光沢感が魅力。

唐　織

絢爛豪華な多彩な色数と
立体感で織りの最高峰。

錦　織

色糸や金銀糸を用いて
豪華絢爛な模様を織り出す。

『唐織』はもともとは中国（唐）から渡来した装飾性の高い美術織物の総称で、西陣織を代表する織物技法です。古くから武家の儀式衣装や能装束に使われ、現代では最も豪華な美術織物のひとつです。

最大の特徴は、ベースとなる綾織地の上に金糸・銀糸や多彩な色糸で紋や絵柄を織り出していく技法。独特の立体的表現と重厚感は豪華さを求められる花嫁衣装にふさわしいものです。草花や鶴、鳳凰など古来縁起の良いとされる「吉祥模様」が華麗に描き出されています。

『緞子織』の始まりは中国の宋時代といわれており、繻子織で織る絹製の織物です。先染めした色糸を経糸・緯糸に組み合わせて、くっきりとした模様を織り出せているのが特徴。地に光沢感があり、地厚で重量感もあり、高級織物の代表格で、緞子に金箔糸で豪華絢爛な模様を織り出した物が「金襴緞子」といわれていたのは有名です。

染め・刺繍

染め・刺繍の伝統技術、技法を知る

「染め」は、白生地を織ってから、あとで染めて描きます。極細の生糸で織られた薄く柔らかな風合いの白生地に染色するもので、なかでも「京友禅」は高級婚礼衣装の代名詞です。

私は、打掛ではめずらしい染めだけの「加賀友禅」も所有しています。「京友禅」の淡青単彩調や金箔・刺繍が施された図案に対し、「加賀友禅」は、紅系統を生かした深い古典色の写実的な草花模様の絵画調を中心としており、金沢の自然の美しさが感じられます。加賀友禅の特徴は、「加賀五彩」といわれる藍、黄土、草、古代紫、えんじを基調としています。

『金駒刺繍』は、刺繍針に通せない太い金糸・銀糸を駒（こま、糸巻き）に巻きつけ、下絵に沿って転がして模様をつくり出す技法です。紋様となる糸を綴じ糸で留める際、デザインによって、平面になるように留めたり糸の束を撚って留めたりすることで模様の複雑で繊細なニュアンスが表現されています。刺繍は、織りや染めの着物や帯の華麗なアクセントになるのです。

相良刺繍

織り、染めと並ぶ
中国三大技法刺繍。

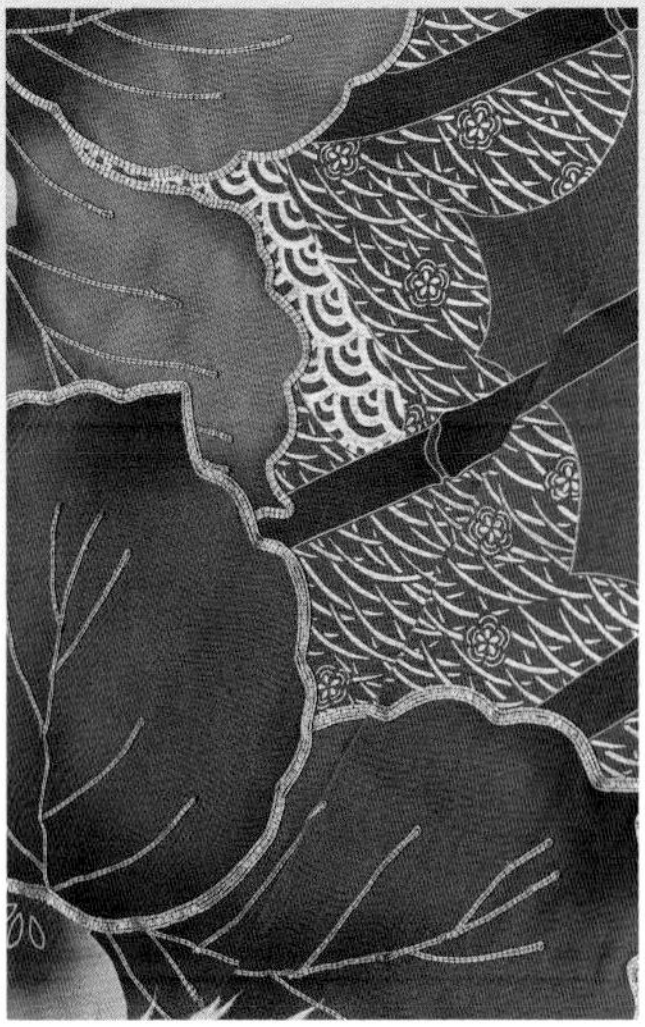

金駒刺繍

太い金銀の縫いとりは
豪華なアクセント。

加賀友禅

落ち着きのある自然美が
感じられる精緻な模様。

『相良刺繍』は、もともとは織物と同様に中国渡来の技法できわめて日本的な表現です。生地の裏から糸を抜き出して結び玉をつくりつつ、連ねて模様を描き出していく技法です。別名を玉縫いとも呼ばれ、制作に大変な手間と時間を要します。ほかの刺繍と違って糸がひっかかりにくく、どの刺繍よりも丈夫といえます。一針ごとに心を込めて結ぶ職人の手仕事で、数ある刺繍の技法のなかでも『相良刺繍』の婚礼衣装の評価が高いのは、立体的な厚みがもたらす贅沢なボリューム感、色柄の美しさです。

手仕事が輝きを添える衣装について、専門的な知識・技術の研鑽を学び、女性の第一礼装である花嫁衣装（打掛）を日本の伝統衣装や伝統文化として新たな目で見直してみてください。

花嫁衣装

和装婚礼の代表的衣装の原則

「和装」の花嫁衣装は大きく分けて『白無垢』・『色打掛』・『引き振袖』の3通りがあります。

『白無垢』は、和の婚礼衣装のなかで最も格式が高い挙式用の衣装で、頭の先からつま先まですべて白で統一する神聖な装いです。白地に描き出される吉祥模様の美しい柄、織りや刺繍など生地の風合いで、雰囲気が変わるのも魅力のひとつです。伝統的なスタイルでは文金高島田の髪に角隠しか綿帽子をつけます。

『色打掛』は白一色の白無垢に対し、色柄が華やかな打掛です。掛下の上に羽織る着物のことを『打掛』と呼びますが、白以外を総称して『色打掛』といいます。挙式後の披露宴やお色直しに合う装いですが、現代では神社挙式でも使われています。

『引き振袖』は、未婚女性の第一礼装である振袖のなかでも、成人式などに着る中振袖よりも格が高い装いです。比翼仕立てで衿元や裾まわりが華やかになります。

いずれも帯の結び方や、帯揚げ、帯締め、抱え帯など小物の色合わせで個性的なコーディネートにチャレンジできます。

引き振袖

引きずるほど長い裾にふき綿の入った、赤や金など華やかな振袖のことをいう。黒の引き振袖は江戸後期から昭和の婚礼衣装の正装。

色打掛

金・銀・赤など鮮やかな織り模様や刺繡を施した和装。白無垢の神前式後に、披露宴で色打掛を羽織るケースが多い。最近では神前式で着ることも。格式の高い衣装です。

白無垢

白い打掛を羽織り、掛下、掛下帯、小物をすべて白に揃えた衣装。どんな色にも染まりますといった純白な願いが込められています。

花嫁衣装の美を象徴するかつらで美バランスを図る

和装花嫁の美しさを支えるものに「かつら」と「かんざし」があります。私のつくる新しいスタイリングとともに、進化したかつらを提案しているのが和装花嫁かつらの製作メーカー『かつらしげもり』の重盛真広さんです。古くから受け継がれてきた和装花嫁の髪型の普遍性を残しつつ、現代の花嫁のニーズに応え続ける『かつらの伝道師』です。花嫁スタイルをつくるには、頭の大きさと着物とのバランス、鬢（びん）の長さ（顔のサイドの髪の部分）が重要です。

『綿帽子』は、白無垢のときに文金高島田を結った頭の上にやや深めに被る白い布。綿帽子は挙式中の白無垢のみに合わせられ、その他の色打掛や振袖と合わせることはありません。

『角隠し』は、日本的な高い髪を結った髪の上に、頭を覆う形で被る帯状、幅広の布をいい、江戸時代の頃は、武家の女中が外出する姿で、塵除けとして被っていたようです。大正時代から昭和初期には、綿帽子に替わって角隠しが花嫁の代名詞になるほど隆盛を極めたといわれ、挙式中の白無垢や色打掛、振袖と合わせて使用されます。

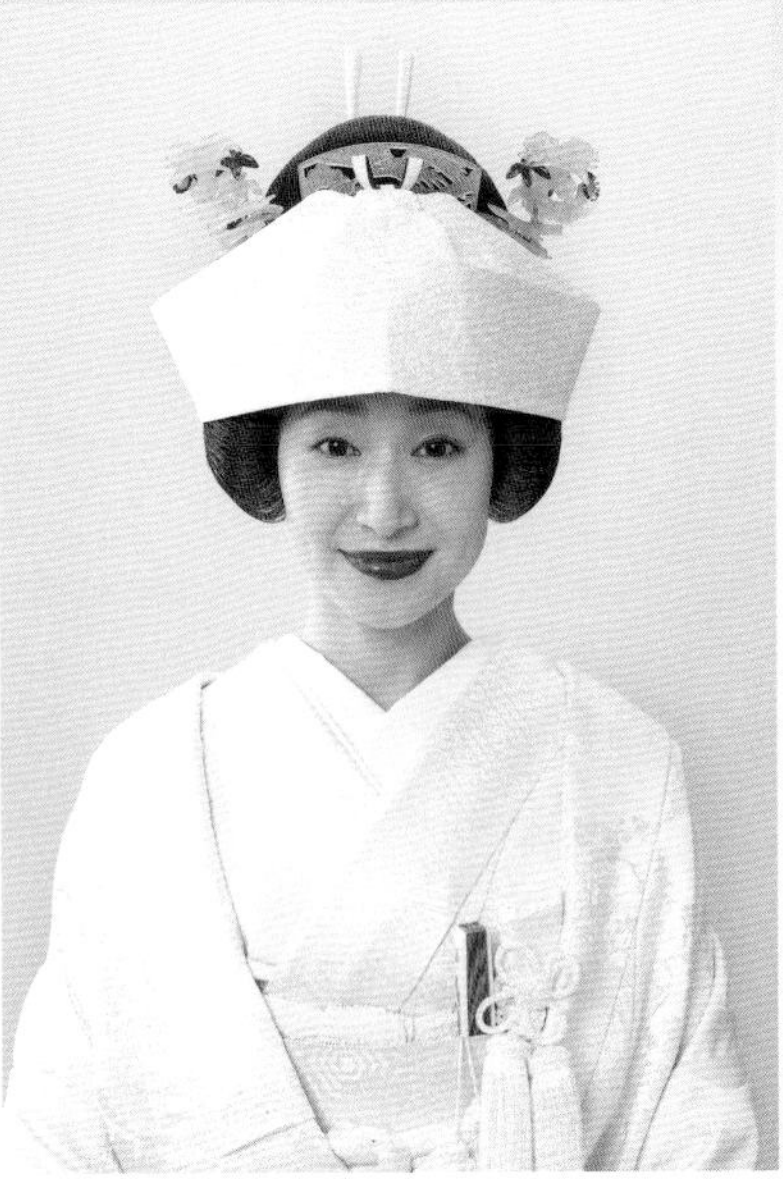

角隠し

帯状の布で頭部を覆い、前髪と額を隠すので眉の高さで水平を保ったまま左右の鬢（びん）にそって引き上げられます。

綿帽子

白無垢姿を演出する袋状の被り物。文金高島田に結った髪に被ることで形が整い立体的になります。

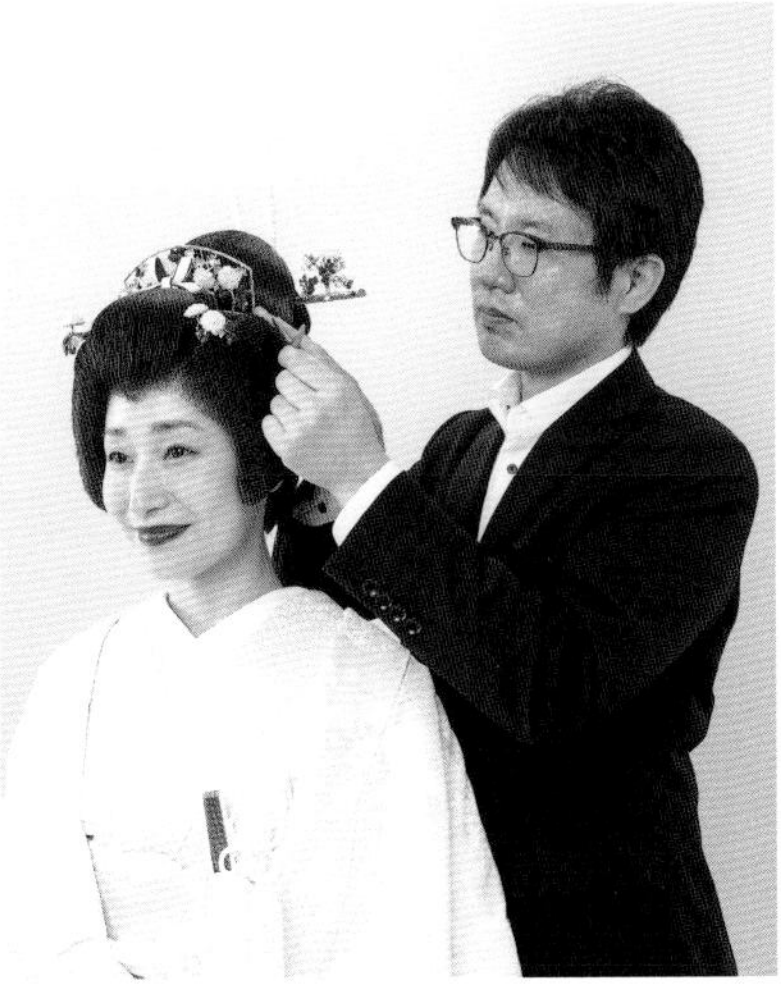

かつらは日々進化している

1本1本手植えによる花嫁かつらは、自然な生え際、透けて見えるほど繊細な毛流が美しい。時代に合わせてかつらも軽量化と小型化が進み、髪の色、額の形、まげの高さ、鬢（びん）の張り具合など、顔立ちや雰囲気などに合わせた選択が可能。角隠しは眉毛ぎりぎりにつける位置、綿帽子はフェイスラインが美しく見える被せ方があるのでフィッティング次第で仕上がりが大きく変わる。「結ぶという字には、両家を結び、親子の思いを結んできたという意味が含まれている」と語る重盛氏。

Profile

『かつらしげもり』重盛真広さん
有限会社かつらしげもり代表。かつら職人がつくる日本髪専門メーカーとしてフィッティングや美容師講師。日々新しいかつらの開発に取り組む。

現代の和装花嫁の感性に合う小ぶりなシルエット

かつらは着物と同じで、まずシンメトリーであることが美しく見える条件です。髪1本1本の太さや細さを一定に揃えて結ぶ「生え際の美しさ」と、「小ぶりなシルエット」で、現代の和装花嫁の感性に合わせるのが重盛さんのスタイルです。ウィークポイントがあったとしても、あごのラインの合わせ方、眉の描き方、かつらの被せ方をミリ単位で頭にフィットさせ、さらに骨格に合わせて髪の膨らみを整えるなど、顔立ちになじむように微調整します。

『文金高島田』は、江戸時代から270年以上の間、花嫁に受け継がれてきたものです。昔は髪を結っていましたが、現代ではお色直しもあり、かつらで結われています。花嫁が白無垢や色打掛を着るときの代表的な日本女性の日本髪は、もともとは上流武家の子女（お嬢様）のみに結われた髪型でしたが、明治時代以降、一般の花嫁も結える髪型となりました。もともと高さ、幅、奥行きのある文金高島田は、頭全体のなかで顔を小さく見せる効果があります。

『新日本髪アレンジ』は伝統のある日本髪のシルエットを、現代風にアレンジして結い上げることができます。文金高島田と違い、びん付け油を使わず洋髪感覚で仕上げるのも人気の理由です。

新日本髪アレンジ

花嫁自体の髪で結い上げ、純和風のアップスタイルが特徴です。自分の輪郭に合わせて手軽に日本髪の風情を楽しめて愛らしくも華やかにもつくりこめます。

文金高島田

日本の花嫁を代表する髪型です。すっぽり被ることで実際の生え際よりも額は浅くなり小顔に。まげの根元は高く結い上げられているのが特徴です。

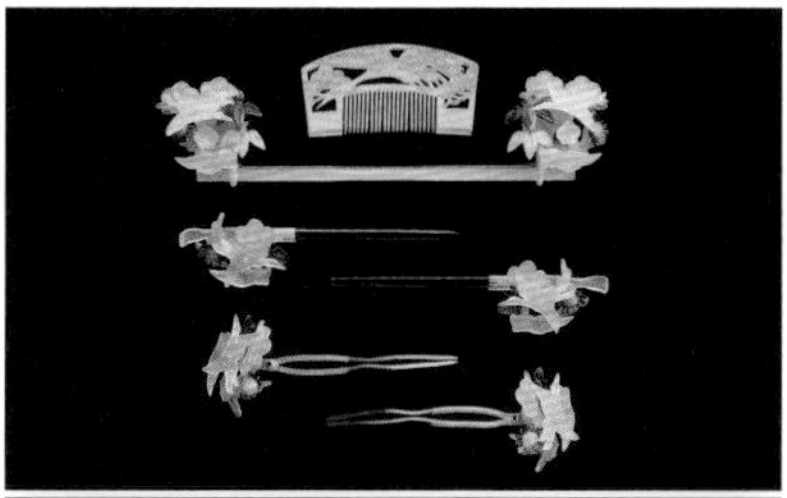

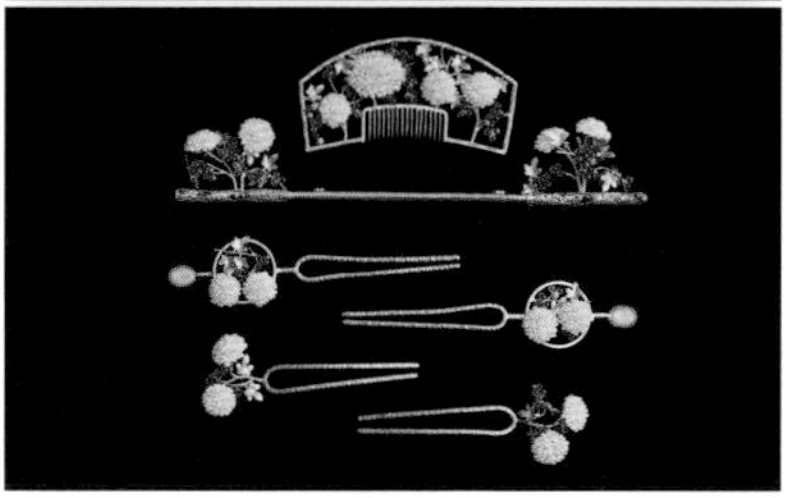

かつらに合わせる かんざしもこだわりのひとつ

かんざしの由来には「髪に1本の細棒を挿すことにより、悪魔を祓うことができる」といういわれがあります。シンプルなものから、花かんざしやびらびらかんざしと呼ばれる飾りつきのものまでさまざま。棒状の髪飾り、笄(こうがい)は、髷(まげ)の中に。たとえばべっ甲の髪飾りはまだらの黒い斑点、斑(ふ)が少ないほど上質、大きいほうが上等とされ、より豪華な髪飾りのほうが花嫁衣装にはふさわしいとされています。

第4章

目からウロコの花嫁着付け技術

「花嫁着付け師」として仕事が始まると、
誰でも技術の壁にぶつかります。
現場や教室でいろいろな方からご質問を受けますが、
皆さんが共通してつまずく部分があるようです。
今回は、そのつまずきポイントを厳選して、
補正から仕上がりまで
目からウロコの技術をお伝えいたします。

土台を身につけていれば毎回同じ仕上がりになるはずです

私は年に2~3回、プロ向けの着付け講習会を開催しています。参加される方は、すでに着付けの仕事をしていたり、花嫁着付け師を目指している方などさまざまですが、皆さんに共通しているのは、「きれいな着姿に着付けをしたい」という強い願望です。ならば、「補正、長襦袢の衿合わせ・紐の結び方やテンションのかけ方」など、外してはならない技術の土台を抑えてください。

私がお教えする着付けの技術は、流派などまったく関係なく、私自身が今まで1万件以上の着付け現場で経験し、発見し、確立してきたものです。ほかでは学べない「目からウロコ」の技術ばかりなので皆さん驚きます。

参加者の声には「補正が少ないのにきれいで驚きました！」「帯2巻目の裏のシワをとるというのがスゴイです」「腰紐1巻き目からテンションをかけると知りました。しっかり締まるのに苦しくなくて素晴らしいと思いました！」「おはしょりがスッキリで嬉しいです」など、実践につながるカリキュラムが喜ばれています。美しく仕上げるためには、「着付けのポイント」があります。土台を身につければ心配しなくても毎回同様の仕上がりになるはずです。

補正編

TIPS 1

補正が足りないと着崩れが気になり、しすぎると太って見えてしまいます。その原因は、全体に「補重」しているから。空間だけ埋めるように「補正」を！

補正とは「補って正すこと」。ところが、補正し過ぎて「補重してしまう」から太って見えるのです。タオルやコットンを全体に入れる方が多いのですが、寸胴にすればいいという問題ではありません。全体に入れると着崩れもしてきます。補正はへこんでいるところだけに入れましょう。これは一般着付けも花嫁着付けも同じことですが、特に花嫁の場合は着物にかなりのボリュームがあるので、補正をしすぎると特に太って見えてしまうので注意を。通常のタオル使用の半分ぐらいで済むはずです。

補正編

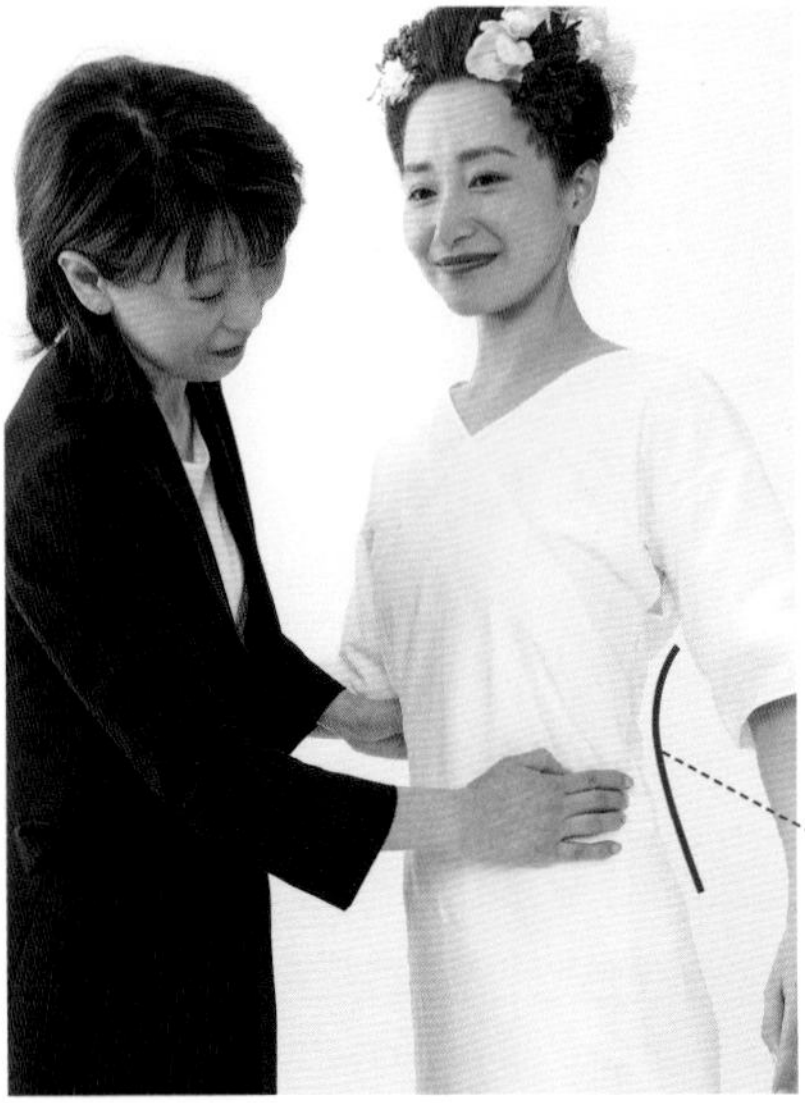

1 くぼんでいるところだけを補正すればいい

くぼんで空間があるところだけを補正すれば良いのですが、全体に巻いてしまうと太ってしまいます。花嫁の身幅より横に多く入れず、まず、腰の一番細い部分にタオルを入れます。

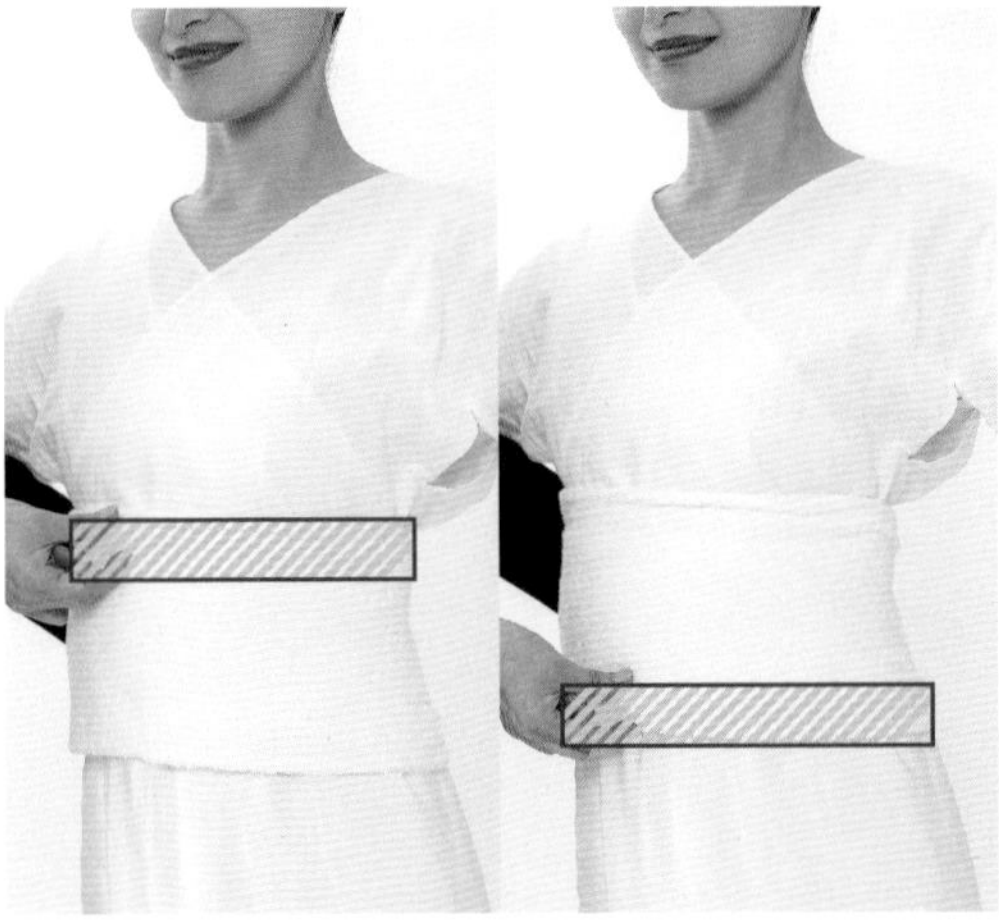

2 タオルとの段差を埋める補正を

帯をきれいに巻くためには全体をフラットにする必要があります。補正で巻いたタオルとの段差をなくすためにコットンをあてますが、左の写真の斜線部分は段差があるので特に気をつけましょう。

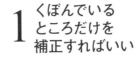

3 タオルを後ろの腰のへこんでいるところに入れる

後ろ向きになって、腰のへこんでいるところにタオルを入れ「腰布団」をつくり、ウエストのタオルで抑えます。このとき体にフィットさせるようにするのがポイントです。

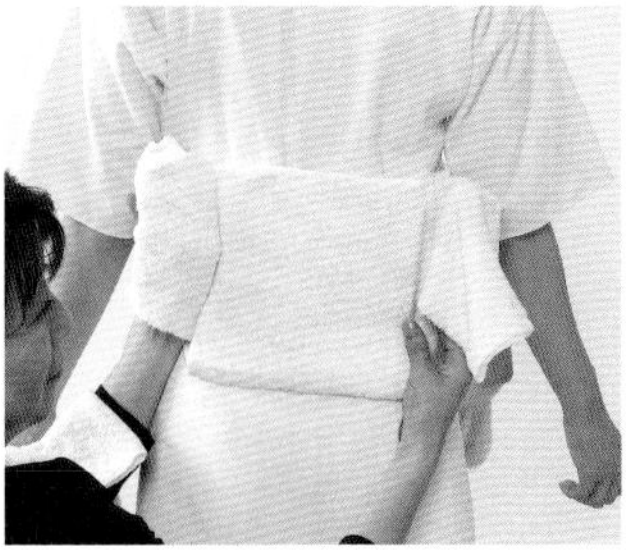

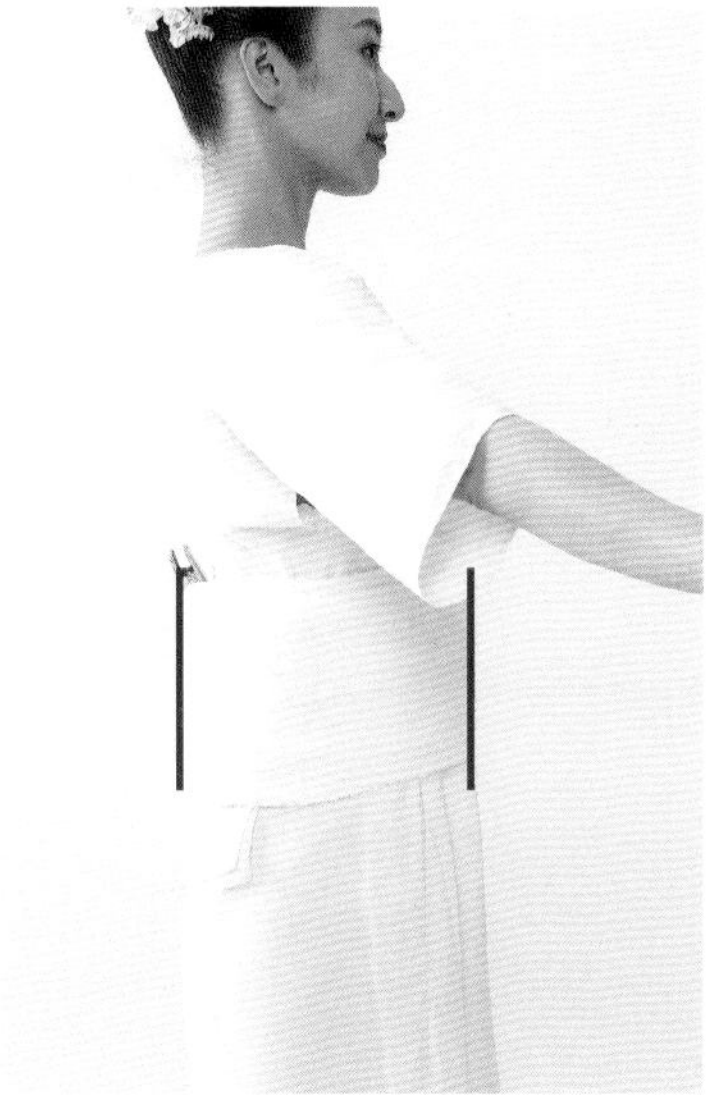

4 背中のへこみや胸元はコットンで整える

背中のへこんでいる部分や胸元は、コットンでフラットにしていきます。ここがきちんと補正されていないと衿も動いてしまいます。

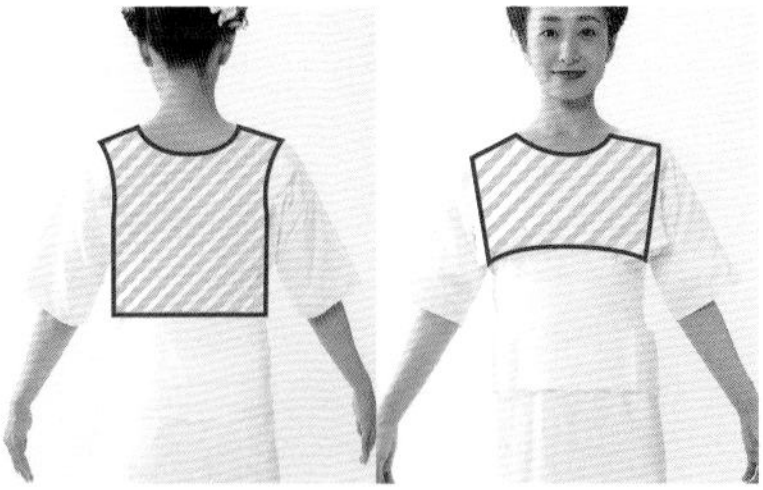

5 完成

最後に胸元や背中をフラットに整え、その後ガーゼを巻きます。補重するのではなく「引き算の計算」ですっきりと補正を！

Point

補正するときも、着物を着付けるときも統一していえることは「空気を抜く」ということが大切です。体と着物の間に空気が入っているとずれるので、タオルも空気を抜きながら巻いていきます。ふわふわしてはいけません。内側はあとから決して直せないので土台づくりが重要です。

長襦袢編

TIPS 2

最初に長襦袢の衿を決めても着付けができあがると浮いてしまう……。衿の折り返しの山の部分を引っ張ると浮きやすいので衿付けを引いて密着させることが大切。

長襦袢は、衿合わせや衣紋の抜き加減など、着付けのベースとなる大切なところです。着物に響く余計なシワやたるみをつくらないように丁寧に着付けます。気をつけたいのは、長襦袢の衿を整えるときに、たいていの人が衿山だけを引っ張ってしまいますが、必ず衿付けも引くことが大切です。

次に、整えた衿元の美しさを固定するために紐をしっかり結ぶことも重要です。このとき、中の空気を抜く感じにして長襦袢が肌に密着するようにしてください。この「空気を抜く感じ」というのは、強く締めればいいということではありません。

1 衿付けをきちんと抑えながら引っぱる

片方の手で衣紋を抑え、もう片方の手は背縫いを下にしっかり引きます。

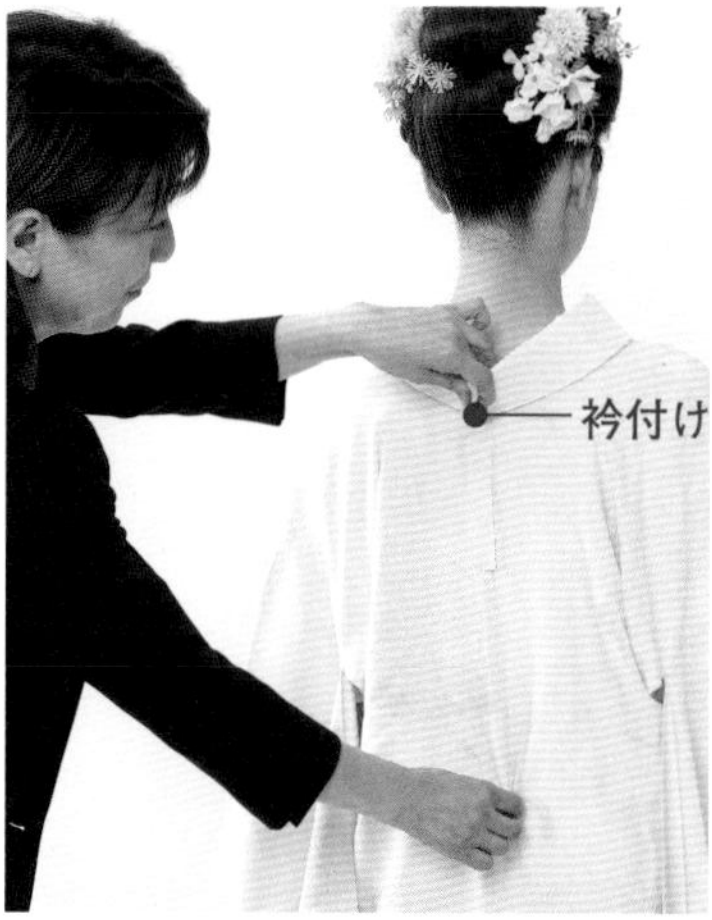

2 衿元を固定するために紐の結び方も重要

抜いた衣紋が崩れないようにしながら、バストを包むようにして、衿合わせをします。紐は、バストのすぐ下で結びます。このとき、「衿元の黄金比」である衿元の直角ができます。

3 長襦袢の衿を固定すると直角の衿も安定する

衿山と衿付けをフィットさせるために、下記のように衿全体を矢印の方向に引きます。そのとき衿山と衿付けを意識して引きます。

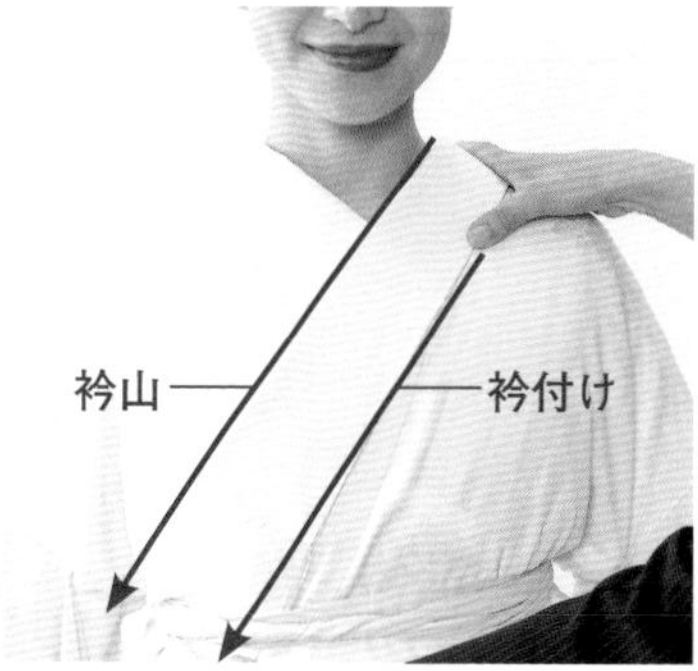

4 完成

最後は、抜いた衣紋を美しくするために、背縫いを引き、放射線状にシワをとっていきます。それによって衿が固定されます。

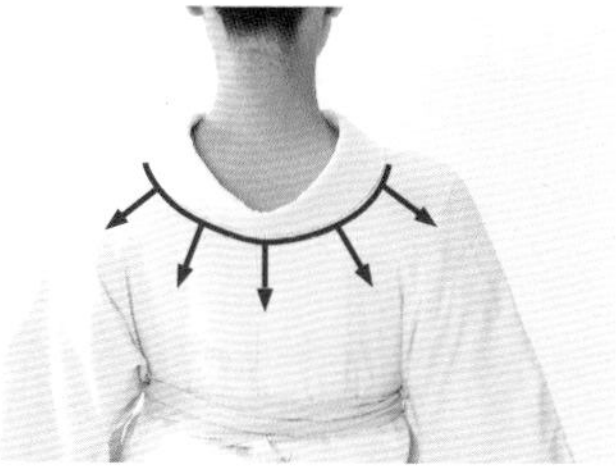

Point

せっかくつくった衿元を固定するためには、紐の結びがとても大切です。このとき、きつく締めてしまう人が多いのですが、1回後ろでテンションをかけて締め、手前に持ってきて「力を抜き」ます。そうすると苦しくなく、しっかりとして着崩れません。花嫁の場合は、とくに打掛の重量があるので、ますます苦しくなります。長襦袢の段階で土台づくりをしっかりとしましょう。

胸元決め編

TIPS 3

比翼が浮いてしまう原因は内側が体にフィットしていないから。内側をしっかり引いてからコーリンベルトと紐で抑えます。

重ね着は「めでたいことを重ねる」という意味もあるため、比翼は、結婚式などのお祝いの場にふさわしいとされています。比翼は着物の地衿に縫われていて、ほとんどが白です。この比翼部分が浮いてしまう理由はたくさんありますが、多くの場合、比翼の外側だけを引っ張るので、外側がつれて内側のたるみが目立つのだと考えられます。

ですから、内側の比翼を体に沿わせるように引いていきます。内側でしっかり引いてから、コーリンベルトと紐で抑えれば、内側が体にフィットして密着します。

※比翼（ひよく）とは、着物と長襦袢の間にもう1枚着物を着ているように見せるため縫いつけた白い布

1 比翼を留めるときに折り返した内側を体に沿わせるように引く

比翼は縫い付けてあり、浮きやすいので外側からだけではなく折り返した内側から引きます。

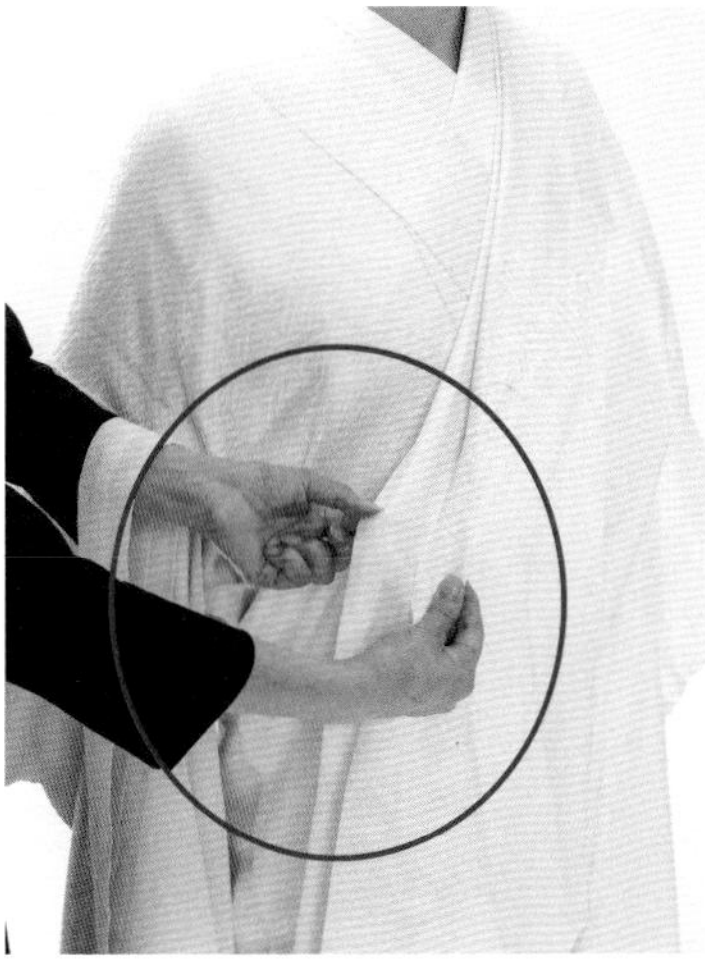

2 胸は浮かせずに美しいおさまりに

きれいになじむように体に沿わせます。

3 コーリンベルトの上に紐を留めてしっかりと固定する

比翼が浮かないために、コーリンベルトを使用して固定し、紐で上から締めます。このとき、胸のシワを取るために、掛下も長襦袢のときと同様に衿付けを引いて体にフィットさせることを忘れずに。

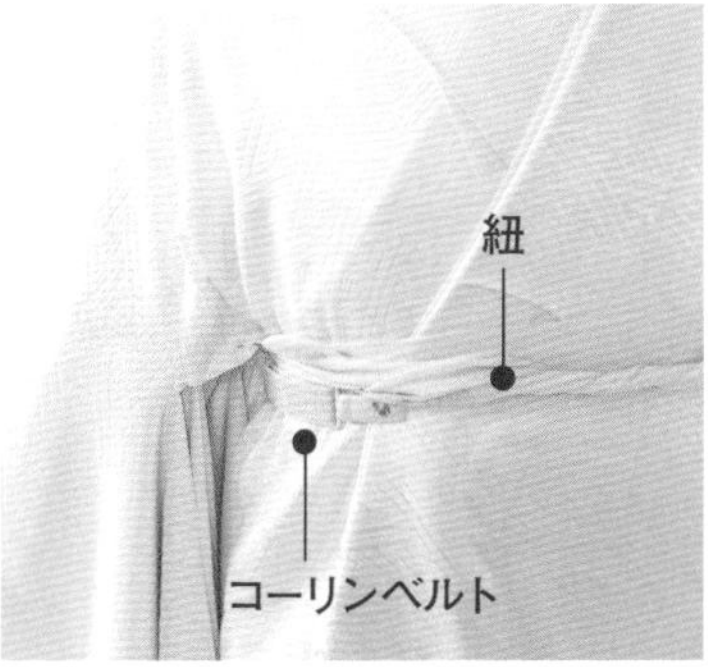

Point

表面の美しさだけではなく内側も整える意識をもってください。

裾決め編

TIPS 4

花嫁の裾決めは後ろの背中心を整えてから、お引きの部分を残して裾で床をはくように合わせる。

花嫁の裾決めの場合は、背中心後ろから均等の長さにします。裾引き部分が短くなってしまう人が多いので、手のひら2つ分で決めて、裾を持ち上げないで、手を置くと目安になります。

普通の着物は「裾を決めてから胸元を決めて」いきますが、花嫁の場合は「胸元を決めてから裾を決める」のが順番なので、胸元決めからの流れが重要です。

その理由は、おはしょりをつくらないので、上から決めていくと美しく仕上がるからです。

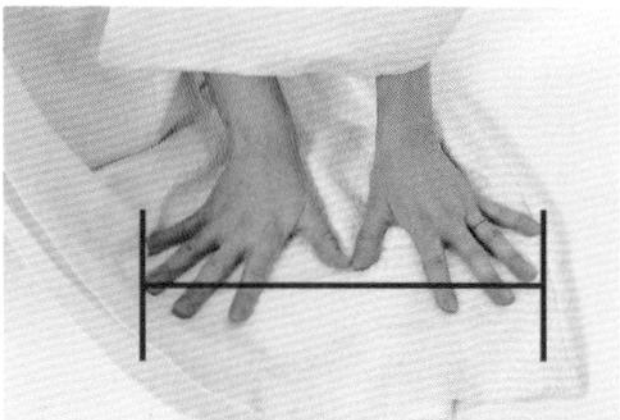

1 裾は引きの部分を手幅2つ分残す

前が短くなってしまうと美しくないため、裾は手を畳と平行にして手2つ分にする。

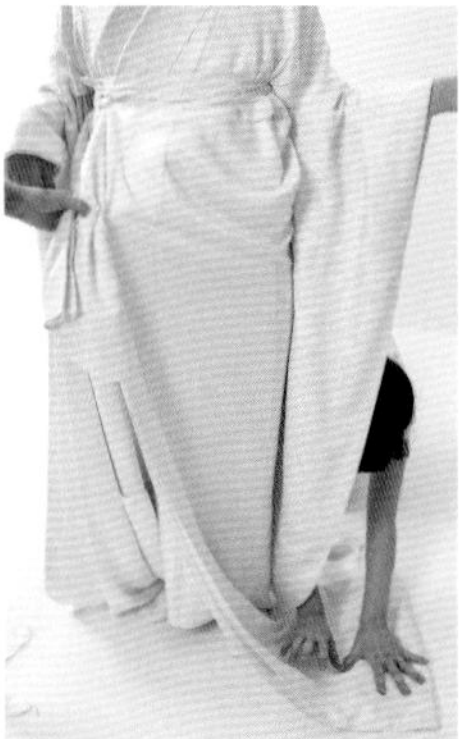

2 裾を均等に残して床をはくように合わせて

手を持ち上げないで裾で床をはくように裾を合わせます。そのとき、前後均等に引きを残しておくようにします。

TIPS 5

紐を締めたあとウエストにシワが入らないように両脇から後ろ向きにタックを寄せる。

たいてい紐を結ぶときは、後ろのお尻のところも、前の部分にもシワができます。しかし本来、補正をする段階で、シワが寄らないようにすることが重要です。寄ってしまったシワは、後ろ向きにタックをつくるように両脇で折ります。このとき、お腹が苦しくならないように、体の正面を避けて腰紐を結びます。シワを全部後ろからもってきて、両脇のタックを取って整えるのがポイントです。

1 ウエストがたるまないようにタックを入れ整える

後ろから余分なシワを下前の脇までもってきてタックを取り、腰紐を通常より高い位置で結びます。

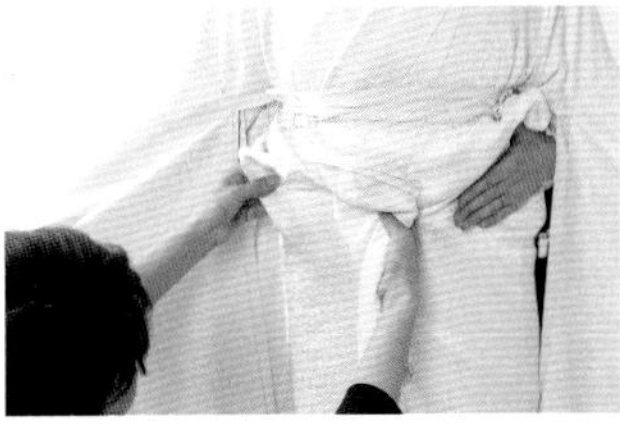

2 完成

タックを取ってシワを解消すれば、すっきりとした美しいウエストまわりに。

帯編

TIPS 6

掛下帯の「ツノ」は しっかり下準備をしたうえで 左右対称に整えなければ 美しく仕上がりません。

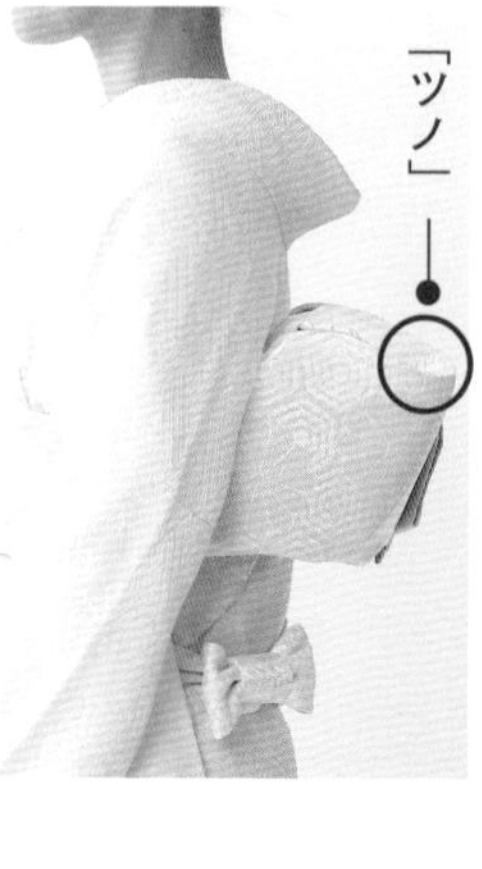

『掛下帯』とは、打掛の下に締める礼装用の帯のことです。結び方は種々考案されましたが、打掛姿を形よく見せるため、文庫結びが一般的です。

なぜ、掛下帯の「ツノ」づくりが難しいのかというと、安定した文庫結びをすることが条件だからです。帯を巻くときのテンションのかけ方、帯枕のあて方、一つひとつを丁寧に進めていく必要があります。たとえば帯がたるんでいると空気が入りシワもできてしまいます。

美しい文庫結びは、左右対称、水平になったうえで、体に沿ってぴったり背中にくっついている状態です。そうすれば美しい「ツノ」ができあがります。その上に打掛を羽織るだけで、自然と美しいラインの花嫁姿が完成します。

帯板 ～帯がたるまないようにしっかり巻く～

1 帯板を入れて表面を整え空気を抜いて巻く

帯板を入れる際は、ふわふわ浮かないようにしっかり入れて表面を整えながら内側のシワも空気を抜いて巻いていきます。

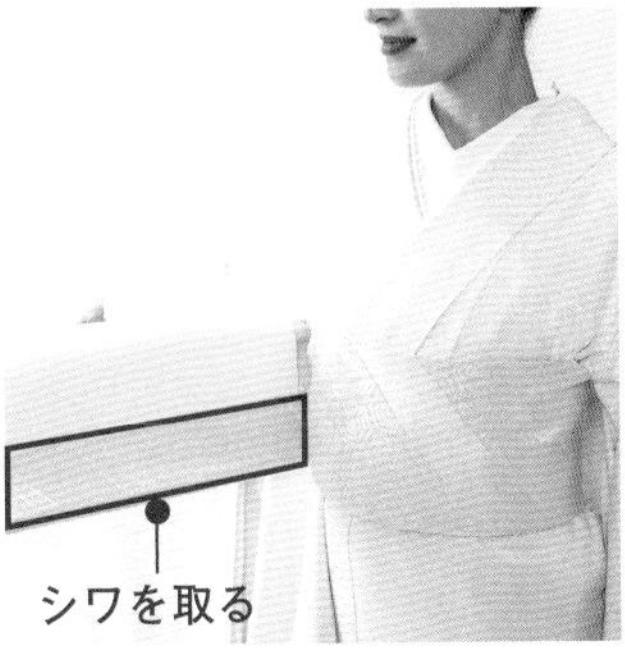

2 空気を抜きながら巻くことで美しい仕上がりに

帯を平行に高く空気を抜きながら巻きます。そうすることで帯がしっかり安定します。

帯枕 ～乗せ方で仕上がりが大きく変わる～

1 帯枕をしっかり乗せる

帯枕は結び目の上にしっかり乗せるように、背中にぴったりくっつけて合わせます。

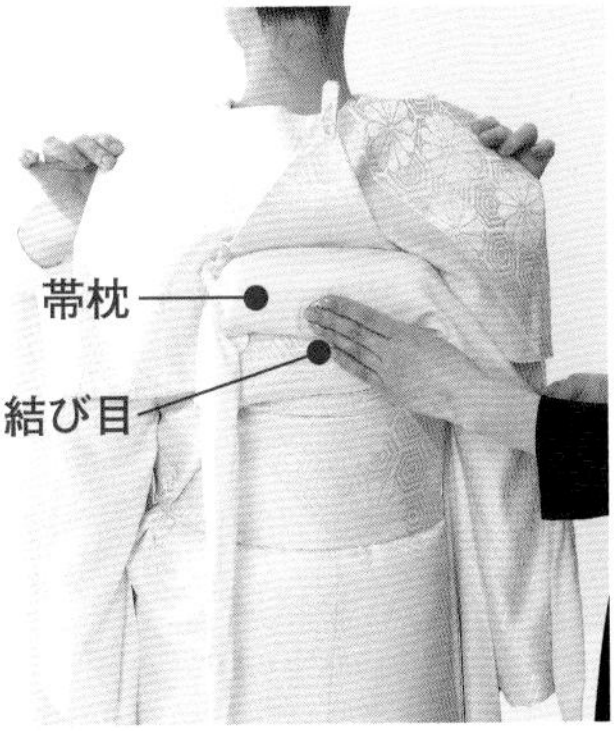

2 結び目を手前に倒して入れる

そのあとすぐ、帯枕のガーゼがねじれないように、まっすぐ前にもっていき結びます。

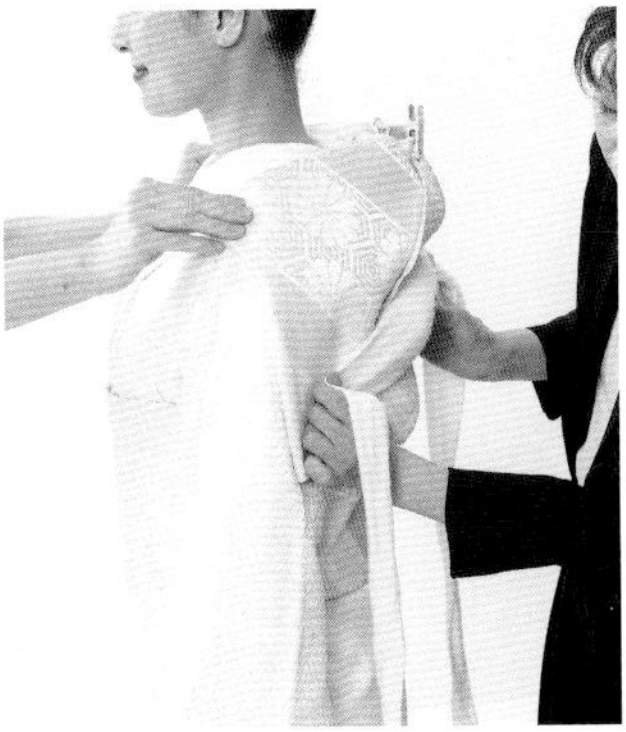

掛下帯 ～ツノを立たせるための掛下帯の結び方～

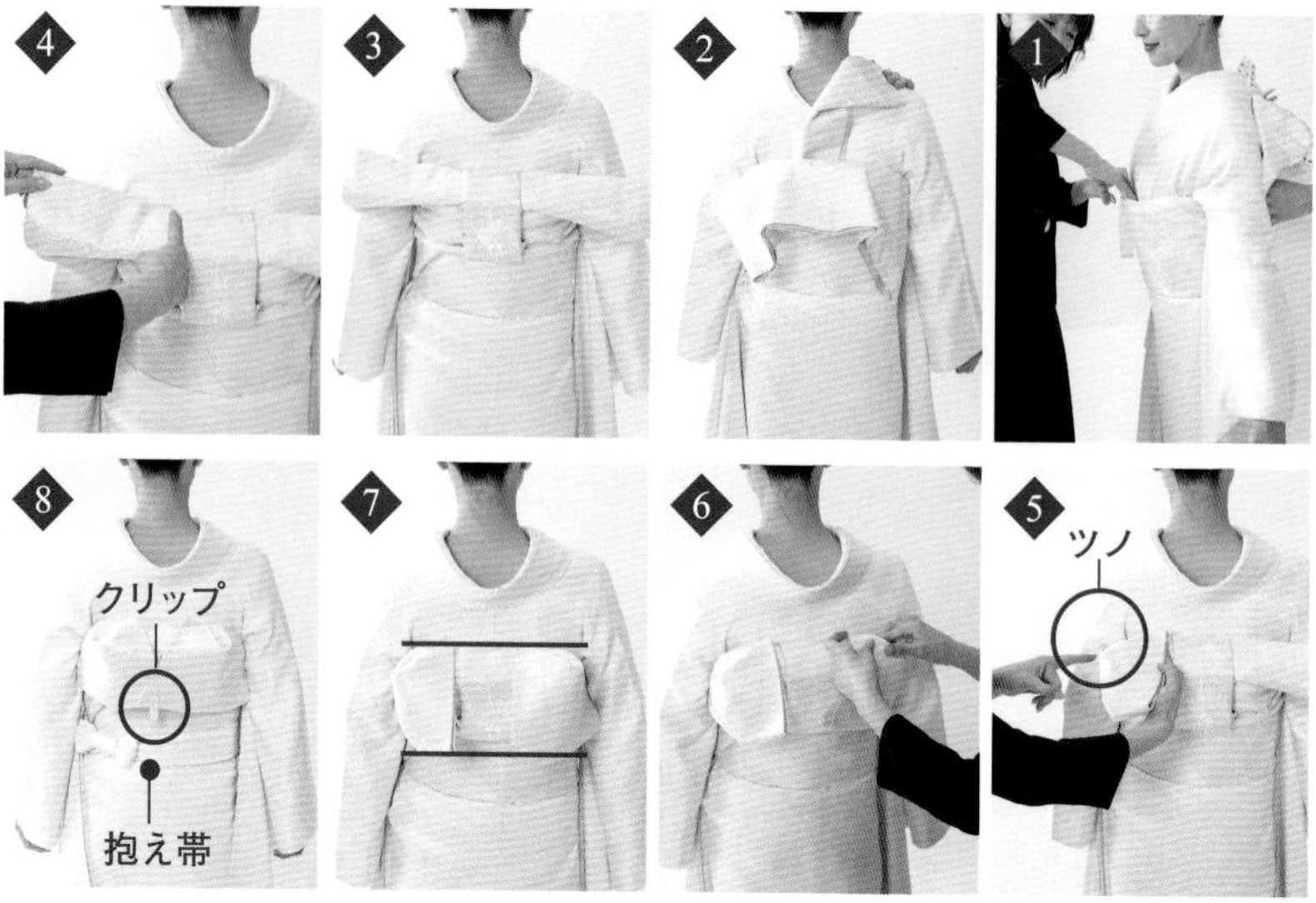

1 掛下帯を丁寧に結ぶ

1. 帯枕のガーゼを帯の中へきれいに整えて入れます。
2. 帯枕の上に帯をかぶせます。
3. 手前に戻した羽根の端が背中につくまで外側に折り返し、手先を手前に下ろし、帯締めをします。
4. 手先の根本を指ではさみます。
5. 抑えた羽根を手前に返します。
6. 右側も同様につくります。
7 羽根が左右対称になっていることを確認します。
8. クリップで留めて整えます。

2 完成

掛下帯をきちんと結ぶことができれば、表の「ツノ」は自然と美しくなります。

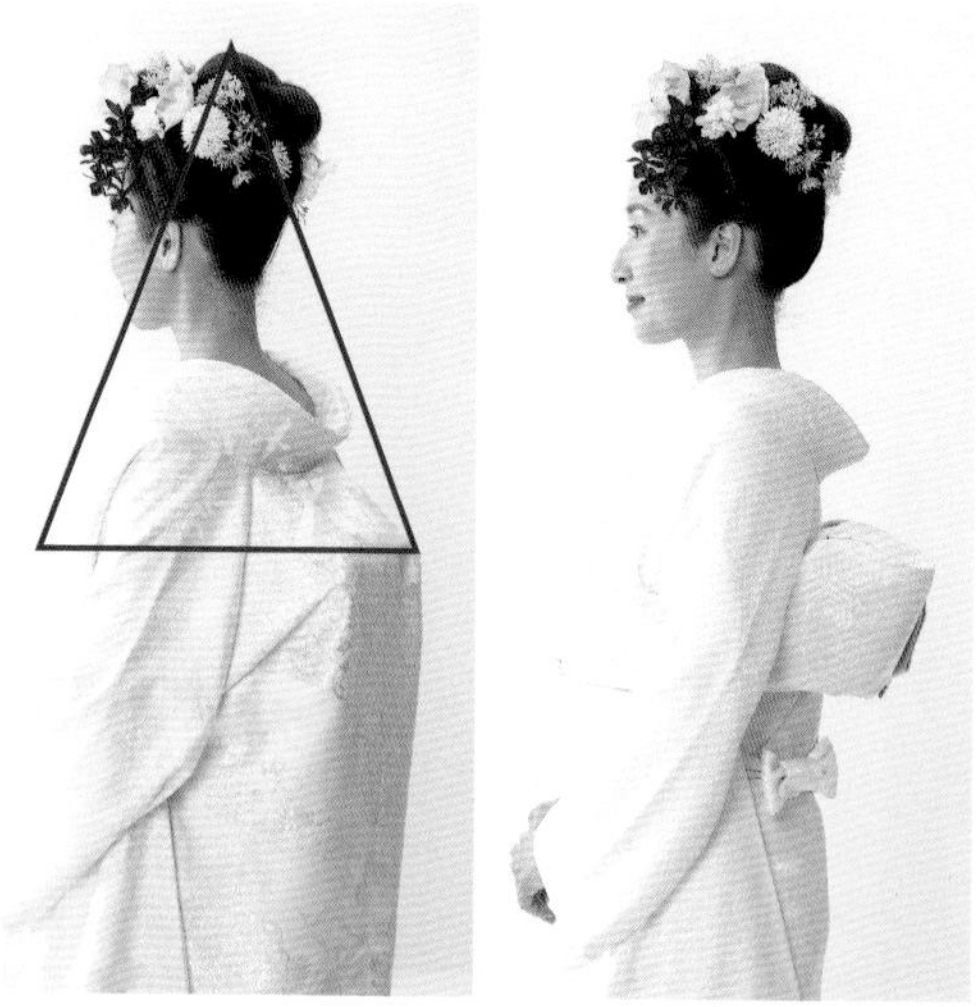

打掛編

TIPS 7

衣紋から首すじにかけてラインを美しく見せるには重ねた衿の見せ幅を均等に揃えることです。

打掛の場合は、掛下と比翼と長襦袢の衿が背中心から均等に揃っていることがポイントです。時には、そこに伊達衿がプラスされることもあります。

さらに花嫁の着付けでは、一般的な着物よりも衣紋を深く抜きます。そして重ねた衿のずらしのスタート位置を背中心寄りにもっていくことで、美しい後ろ姿を魅せることができます。

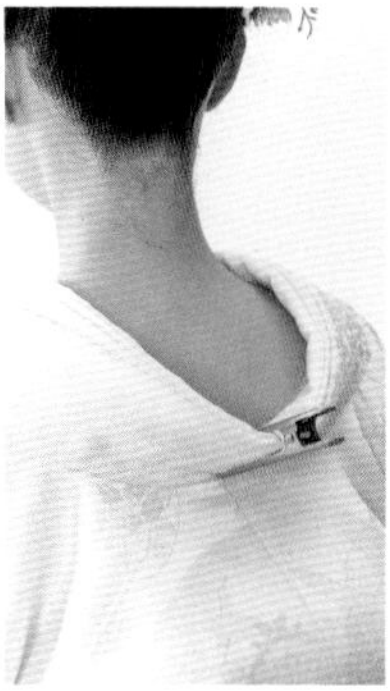

1

衣紋をピンチではさむ

長襦袢と着物の後ろ衿がずれないようにピンチで留めます。重ねのずらしのスタート位置が背中心に近いのも花嫁の特徴です。

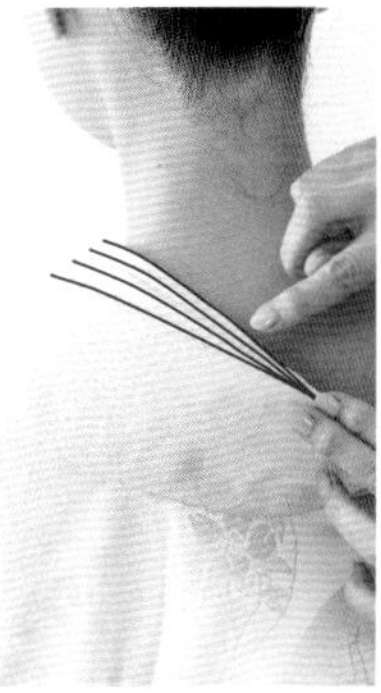

2

後ろの衿合わせは背中心から均等に

後ろのシワをとって平らになるように整えます。衿合わせは重ね幅が均等だと美しく見えます。

打掛編

TIPS 8

座ったり歩いたり、動いたときに打掛が肩からずり落ちてしまう原因は打掛ベルトの位置が高すぎるから。低めの位置で留めて安定させます。

立っているときはいいのですが、座ったり、歩いたりすると、肩から打掛が落ちてくる姿は花嫁さんにとっても、ゲストの方々にも見苦しく良くないですね。着付け師としても恥ずかしいことです。この悩みは、現場で花嫁着付けをしている方の切実な声です。

原因としては、打掛ベルトを留める位置が高いことが考えられます。正しい位置がわからないと、高い位置に留めがちになりますが、打掛ベルトを低い位置で留めて安定させることで肩からずり落ちることを防止できます。

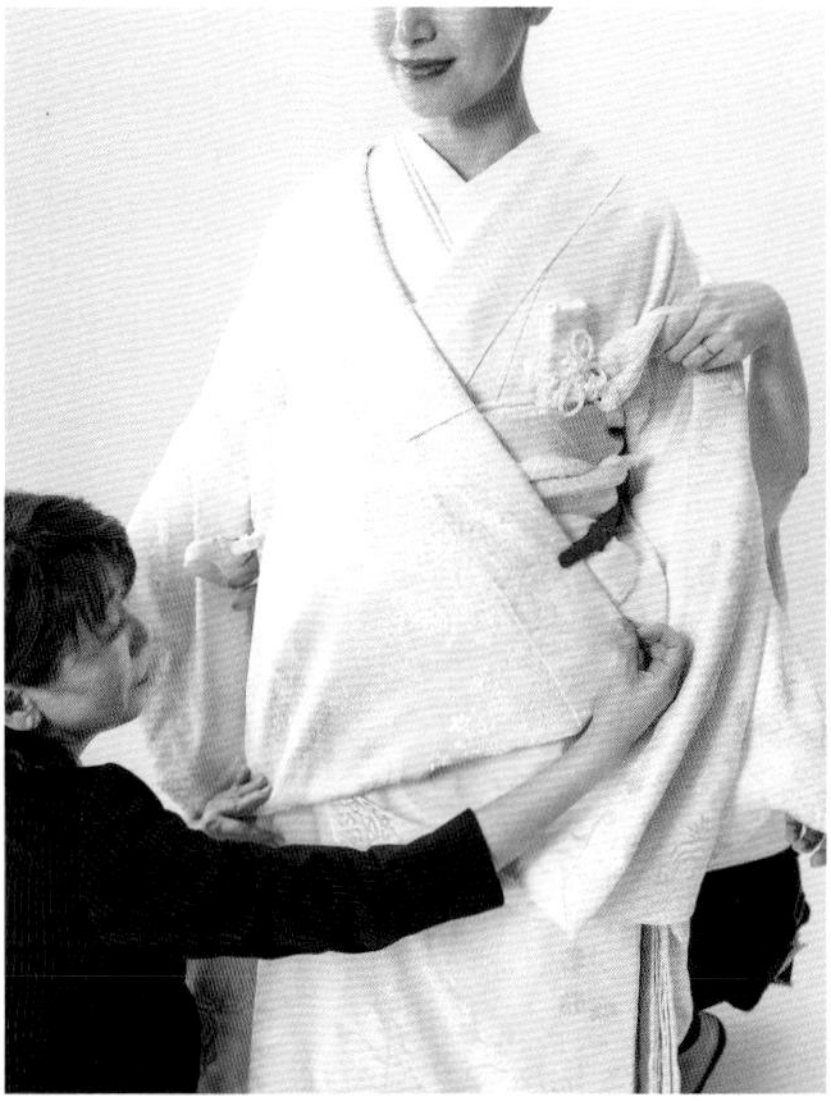

1 打掛ベルトを使用するときは抱え帯よりも高くならないように

打掛を掛下にそわせてもってきて、打掛ベルトを留めます。打掛ベルトを高い位置で留めてしまうと浮きやすくなるので注意しましょう。

2 打掛ベルトの位置が高いのはNG

打掛ベルトの留める位置が高いと打掛が肩からずり落ちやすくなります。帯の下線を目安に低い位置で留めてください。

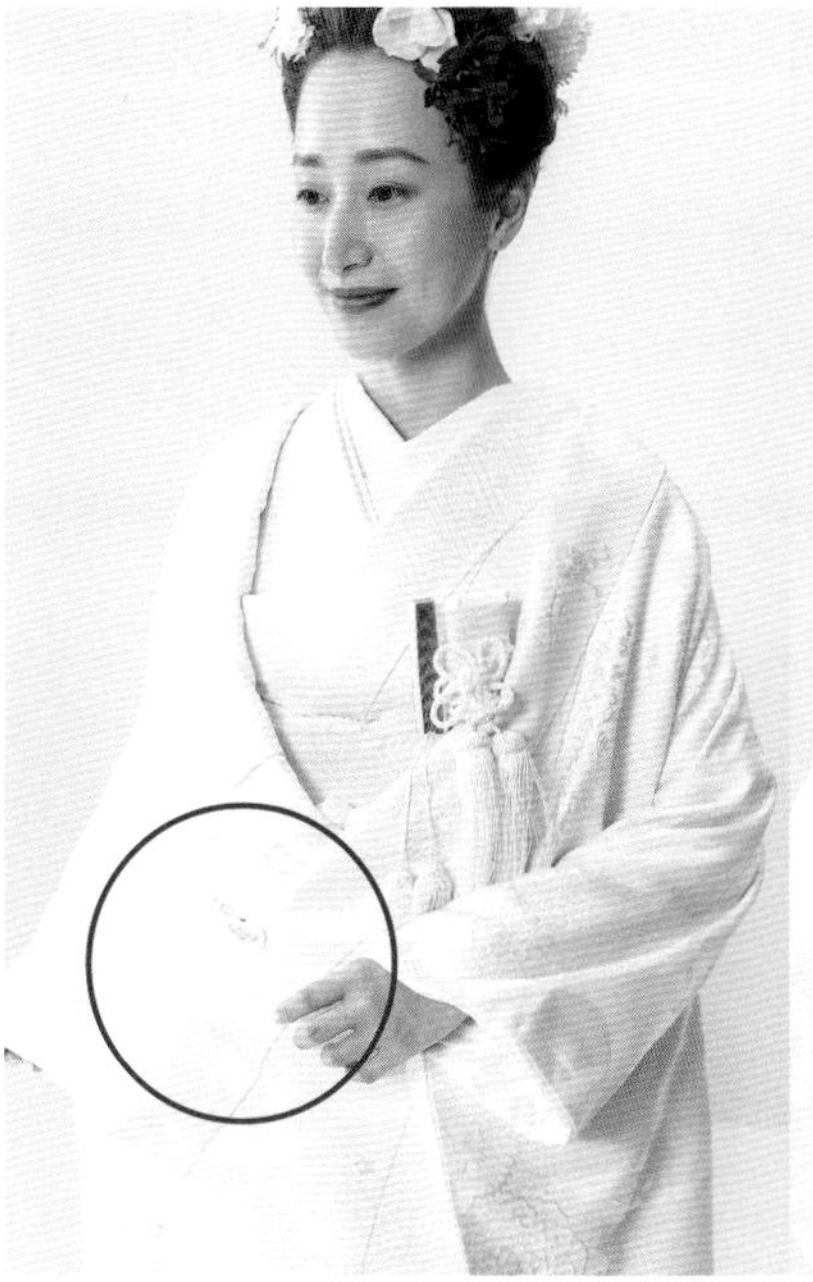

打掛編

TIPS 9

裾を上げて紐で結ぶ「おからげ」をすると腰まわりがゴロつくことも。下前の胴まわりをきれいに整えてしっかりと結びます。

『おからげ』とは、お引きずり状態から、掛下と打掛をそれぞれ引きずらないように、裾を上げ、おからげ紐で結んでおくことをいいます。長い距離を歩くときも、花嫁の手で裾を持つことがないため負担が少なくなります。介添えがいない場合の挙式では、おからげをした状態までを着付け師が行います。

写真を撮るときはおからげを下ろしますが、写真のタイミングは、挙式の前か後です。おからげをしたり、下ろしたりすることが何回かあるので、進行を気にしながら、着付け師は手際よくできるようにしておくことが大事です。

1 後ろの余りを体にそわせ裾を前にもってくる

裾合わせのときと同じ要領で裾を前にもってきます。下前をきれいに上に上げて、上前を重ねますが、後ろの空気をしっかり抜いてシワに気をつけて裾を合わせます。

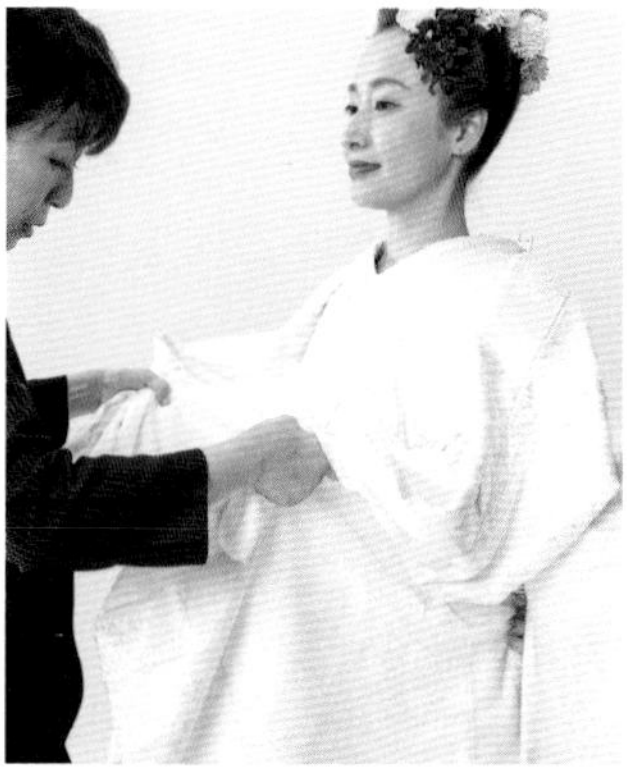

2 紐を付ける場所は抱え帯のリボンの上に

紐を付ける場所がポイント。帯の上に紐を結びます。後ろは抱え帯の上になるように、交差してから前に持ってきて結びます。

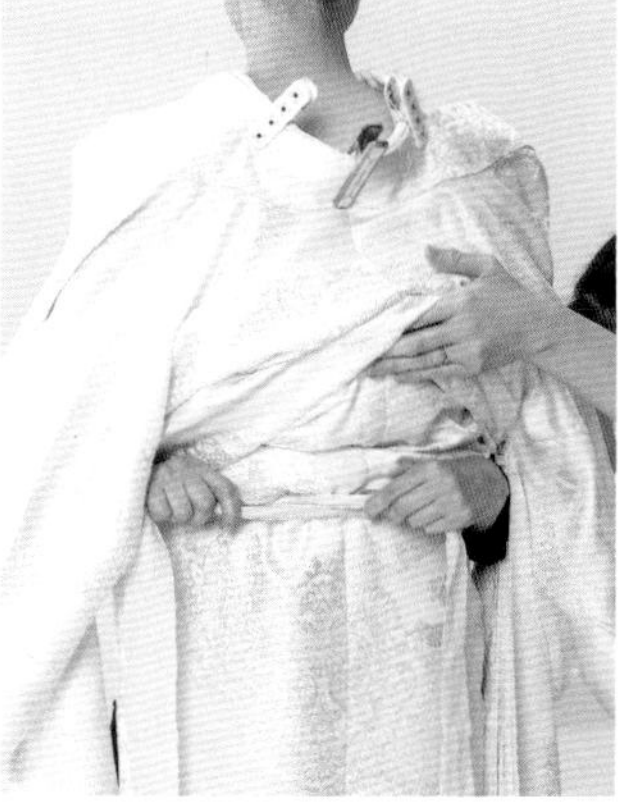

3 打掛ベルトを留める下前のおはしょりの部分を上げる

しっかりと下前を打掛ベルトで留めます。打掛も着物と同じように2枚になって分厚いので、下前の部分をきれいに折り紙のように折って整え上前を合わせます。最後、背中心が合っているか確認してください。花嫁が歩いているときに着物がずるずると落ちてこないよう、しっかりと紐で結ぶことが重要です。

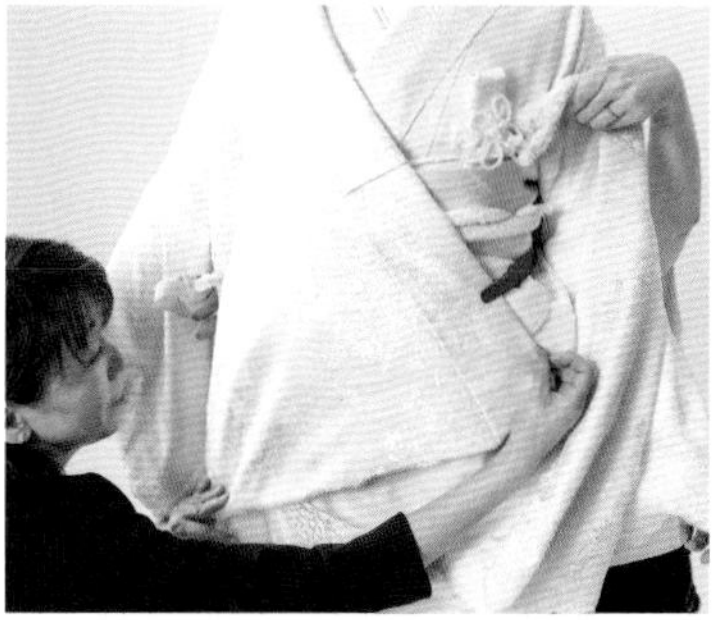

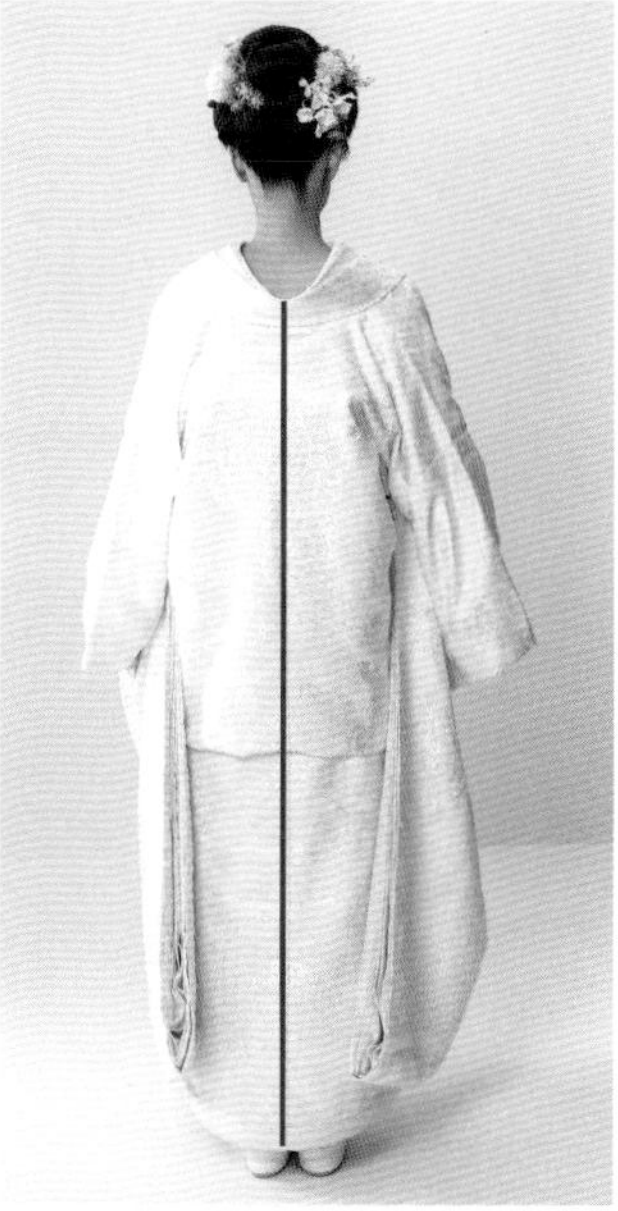

打掛編

TIPS 10

長い裾を一カ所にまとめて持ち歩けるようにする褄取り。手の位置は抱え帯のあたりに置き、必ず右手で持たせるのが鉄則です。

『褄取り』とは、着物の褄を手でつまんで持ち上げることです。おはしょりをつくらず裾が地面に流れるようについているお引きずりの状態から、歩くことができるように、裾まわしのすべてを身長に合わせた位置で右手の一カ所にまとめて花嫁に持ってもらう状態をいいます。左ページの★部分の丈が全体バランスでとても重要になってきます。

短い距離の移動でも、介添えが手早くまとめて花嫁に持ってもらうようサポートしないと、打掛は重いので、ともすると肩から落ちやすいので注意してください。

ここでは、褄取りの仕方を着付け師がきちんとわかったうえで、花嫁に詳しく説明できることが大切です。たとえば、褄取りした打掛の長さが長過ぎないように帯のあたりで持つこと、脇をしめること、必ず右手で持つことなどをお伝えします。

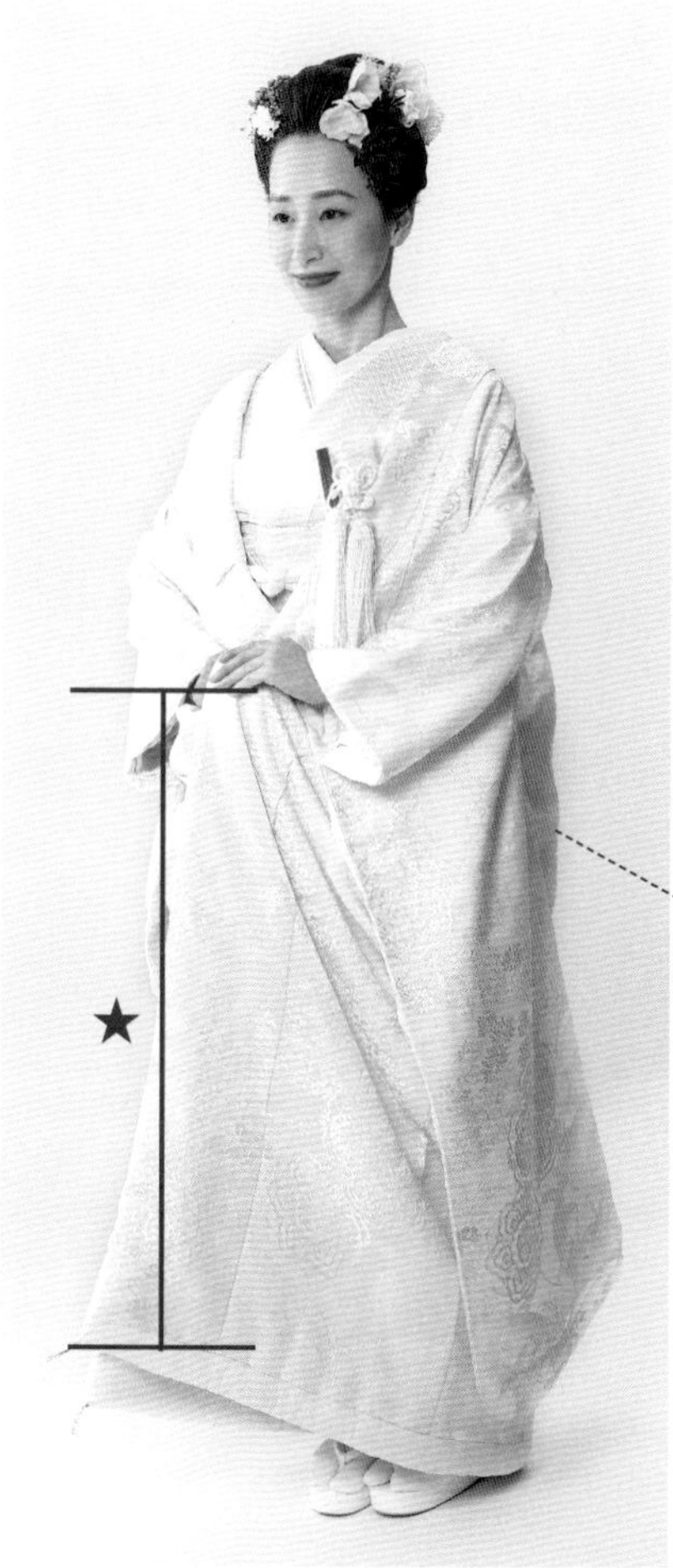

1 花嫁自身が親指以外の4本指を揃えて持つ

打掛を着て歩くときは、裾が地面につかないように褄（つま：着物の裾の左右両端部分）を取ります。打掛の上前と下前を揃えて、右手の4本指と親指の間で打掛を持ちます。また、「左褄は花魁と芸者」という言葉にあるように左手で持つのはタブーです。

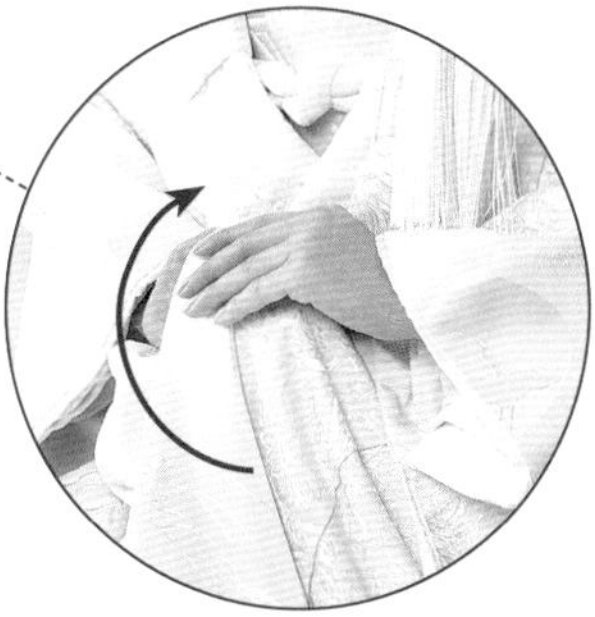

Point

- 花嫁の裾を整えて持たせます。
- 右手で打掛の端を持ち、体に引き寄せて歩くのが基本。
- 左手を右手の上にそっと添えます。
- 右の脇をしめることで美しく見えます。

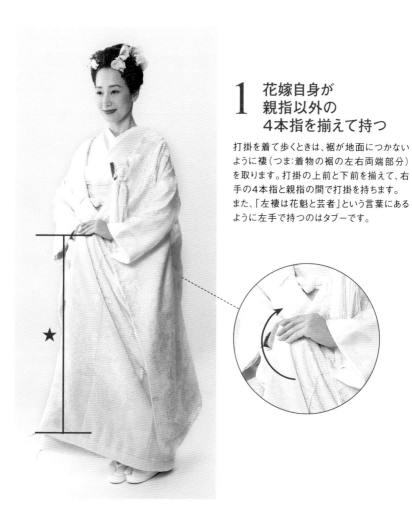

第5章

杉山幸恵の和装スタイリングの世界

私が着付けのスタイリングでこだわるのは
360度どこから見ても美しい着姿であること。
そこには、バランスやテイスト、
配色、くずし、大胆に変化させるなど
「和装スタイリングの法則」が隠されています。
決して流行を追うコーディネートではなく、
伝統を裏切らない和モダンな世界です。

和装スタイリング 法則1

美バランスであること

ヘアから着物まで トータルで美しいか 360度の美バランスを見る

いつでもヘアと着物を一対に考え、前姿と後ろ姿の全体バランスを見るようにします。全体のバランスがいいとすべては美しく見えます。では、その全体の美バランスを生み出すにはどうしたらいいのでしょうか。

古来より人間が最も美しいと感じる比率として「黄金比」と呼ばれるものが存在しています。私は20年程前にウェディングドレスのプロデュースをしているときに、この黄金比をもとに「独自の黄金バランス」を生み出しました。デザイナーが、女性の体型の悩みと向き合い、美しさを追求したドレスをつくっており、ディテールにこだわった美の黄金バランスは着付けの世界に入っても同じだと思いました。特に、女性の体の美しさというのは胸元から顔につながるデコルテと、肩のなめらかなラインにあります。私は、胸元の黄金バランスをベースに花嫁の着付けでも美バランスを発見していきました。たとえば、前中心の三角形の黄金バランス、引き振袖や打掛の裾決めのライン、ヘアスタイルと帯との二等辺三角形のバランスなど。左ページの完成形を叶えたシルエットをご覧ください。

また、花嫁がゲストに後ろ姿を見せる時間は長いので後ろ姿にもこだわりましょう。

花嫁衣装において美バランスを叶えるシルエット

体型コンプレックスなど、花嫁の悩みをカバーするため、またより美しく見せるためには、やや細身に仕上がる全体バランスに。胸上と下半身が３：７になるようにします。裾の開きが細長くなるよう形付けし、衿合わせは直角にし、首が詰まらないようにします。

ヘアスタイルと帯の黄金バランス

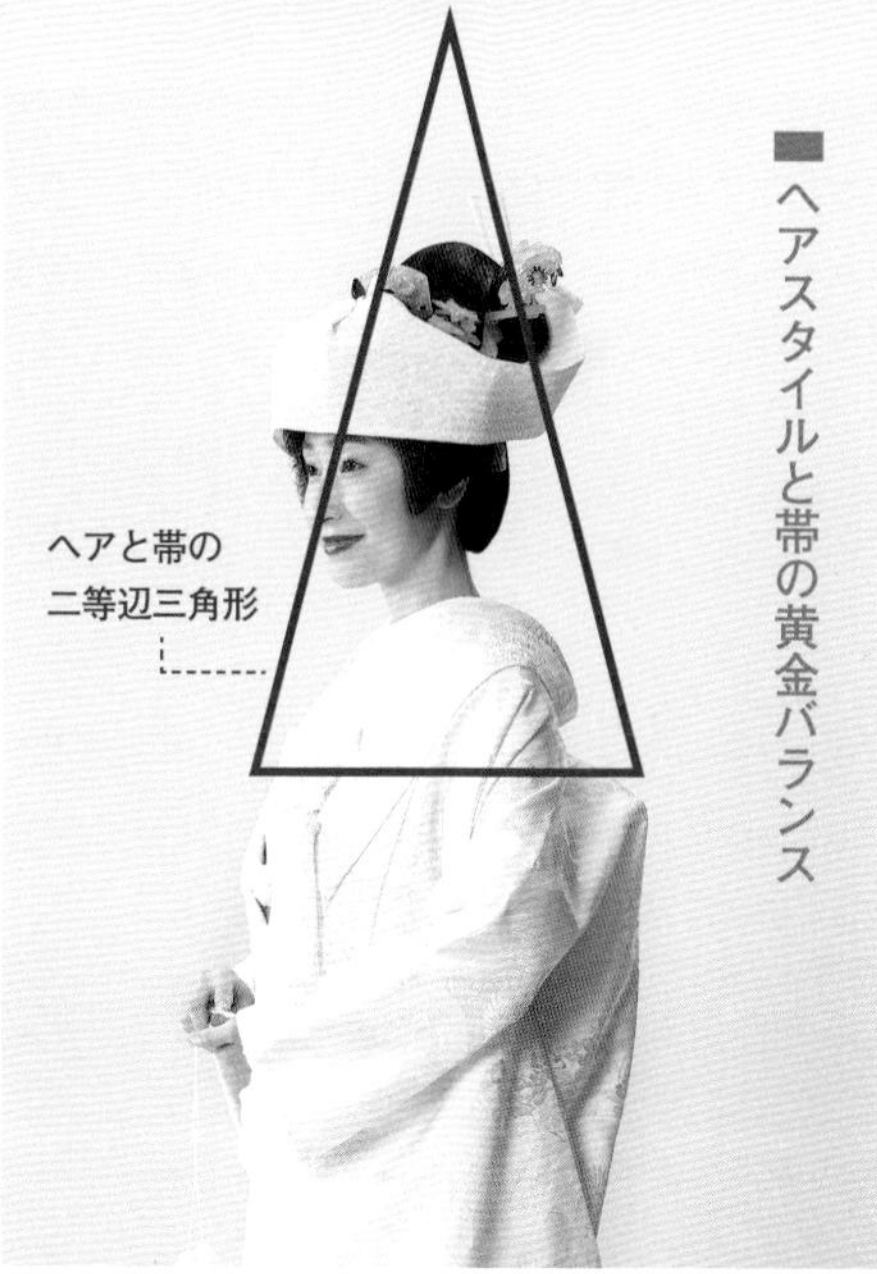

美しい衿合わせのバランス

裾の開き位置と全体の美バランス

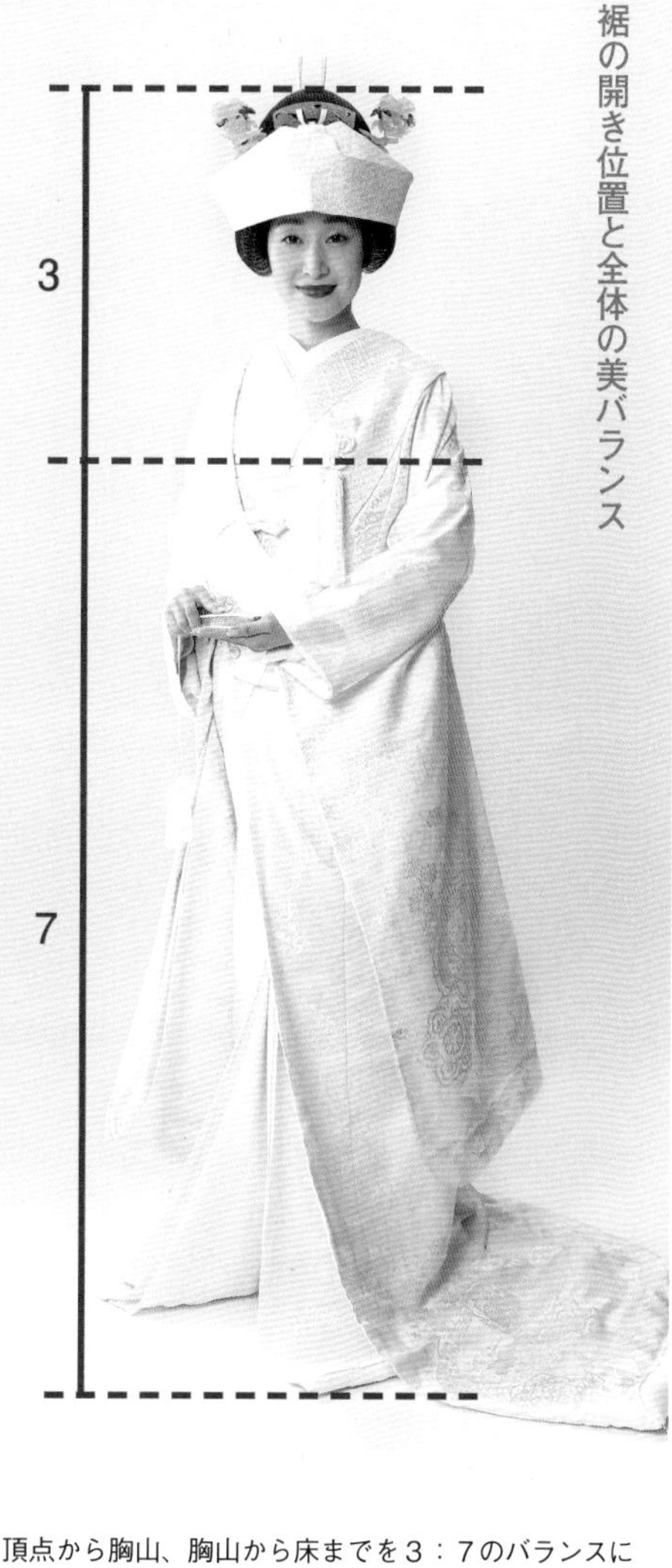

頂点から胸山、胸山から床までを３：７のバランスに仕上げ、裾も開きすぎないようにラインを美しく。

和装スタイリング 法則2

テイストをつくる

ドレスの感性を取り入れて古典や和にとらわれない斬新さを出す

私のコーディネートはドレス的だとよくいわれます。前述したとおり、これまで和装だけではなくウェディングドレスのコーディネートもしてきた経験から、自然に和装のなかにドレスのスタイリングを応用しているようです。たとえば、ヨーロッパの『サムシングオールド』は、花嫁のお祖母様、お母様などが継承してこられた100年前のチュールを被ったり、ジュエリーをつけるといった考え方ですが、「幸せをつないでいく」といった意味も込められています。これはもちろん和装でもできます。お母様の思い出の品である帯や小物を使用するなど、和装が決まった段階で花嫁の希望を聞いていきます。

さらに刺繍半衿や小物セットの合わせ方で和モダンの雰囲気を醸し出します。ヘアスタイルについても、白無垢や色打掛に洋髪を取り入れたり、生花をあしらったり、ダウンスタイルにするなどの流行も取り入れながら髪飾りや小物も選んでいきます。伝統のルールは守りつつ、ドレスに近い感覚で和装を提案すると、スタイルの幅が広がり、現代に合った創造性のあるテイストを楽しめます。

ドレスに近い感覚を和装にも取り入れる

和装小物は、通常５点セットと呼ばれる単色使いが多いですが、あえて単品で使用。

ヘア小物もかんざしなど和テイストで揃えがちですが、洋装の感覚でセレクトしました。

ドレスの感覚でコーディネートをすることで唯一無二のモダンな印象の着こなしが実現します。

花束のような生花と
合わせ小物の差し色に
ドレス要素を感じる

華やかな刺繍半衿に
真っ赤な懐剣が
個性を際立たせる

和装スタイリング 法則3

パステルカラー使い

薄いピンクや薄いブルーなど『フランスの配色』を取り入れる

私が着付け師や花嫁着物スタイリストとして最も大切にしていることはカラーコーディネートです。色の組み合わせによって雰囲気や印象がガラリと変わります。「きまった！」という色の組み合わせを、たくさん自分のなかでストックしておくと経験則が生きてきます。正しい配色バランスを知っておくことで、全体の仕上がりをはっきりと想像しながら手を動かすことができるようになるのです。色についてぜひ覚えておいてほしいのは、『フランスの配色』です。

フランスに行った際、景色のカラフルさに魅せられたこともあり、雑誌の花嫁着付けの表紙で差し色にパステルカラーを提案し始めました。めずらしい色使いをすることは勇気がいることですが、とても反響を呼びました。花嫁には可愛らしさが必要なので、ピンク、ブルー、グリーンなどの『フランスの配色』はそのイメージを表してくれたのです。私自身のなにか楽し気で幸せな心の内側の感情が、配色になって表れたようです。また、『フランスの配色』は、日本の伝統色と融合させることで、今までとは少し違った、「革新的な和」のイメージの着物の色合わせもできるようになります。

パステル調「杉山幸恵オリジナル打掛」もデザイン

京都の打掛メーカーさんとコラボレーションをして、緞子の生地を薄いピンクやブルーに染めた打掛をデザインしました。色調は、まさにお菓子の「マカロン」。はこせこ、懐剣、半衿や帯締めなど差し色にも「マカロン」色のパステルカラーを楽しむスタイリングをするのもおすすめです。

花嫁をより可愛く見せる パステルピンクの濃淡で グラデーションコーデを提案

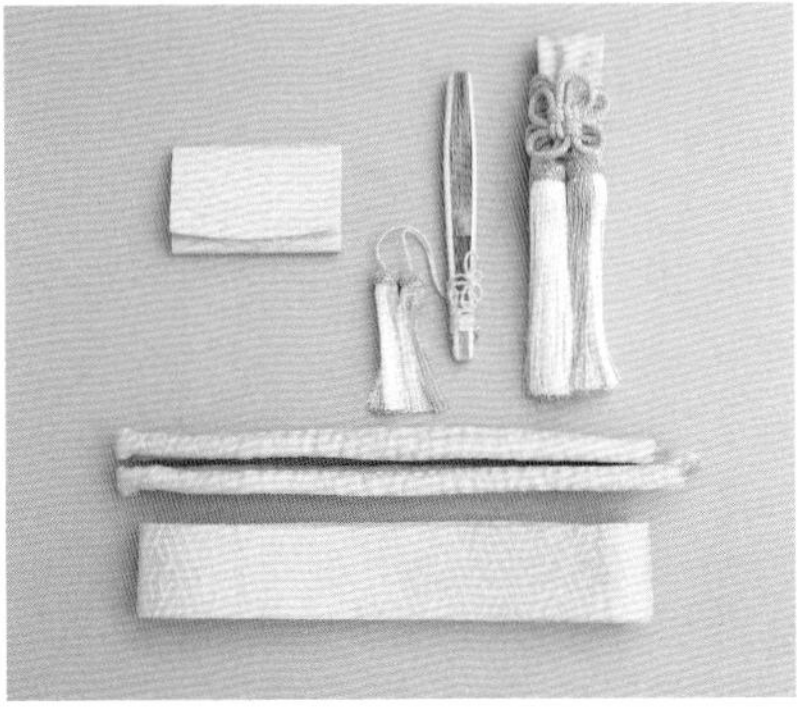

花嫁の幸せを願う サムシングブルーを 和装に取り入れたコーデ

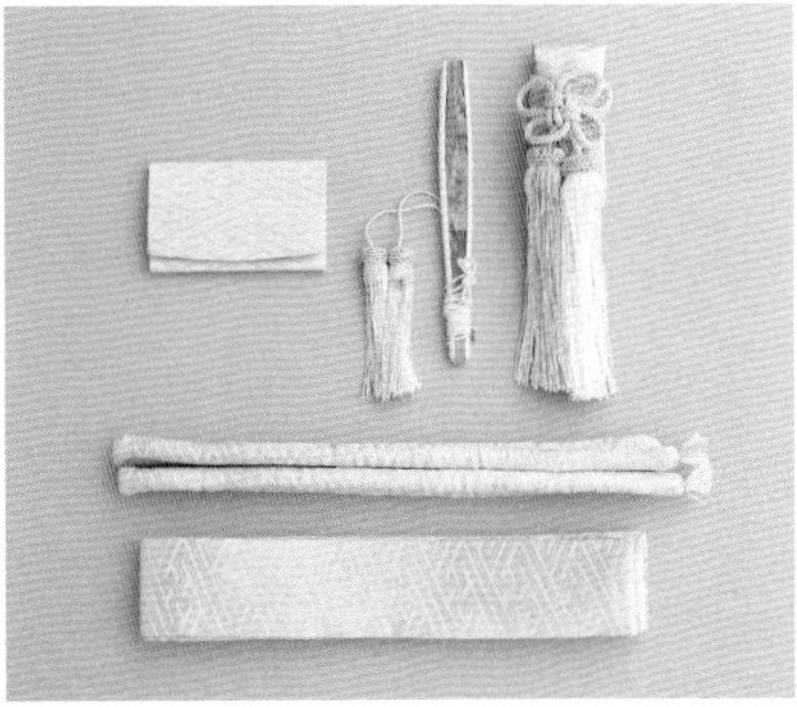

和装スタイリング
法則4

独創的な感性

伝統を崩すのではなく
新しい洋風を伝統に溶け込ませていく

スタイリングでは、伝統を崩していくことも時には必要です。職人たちも、今や「伝統とは革新の連続」といって新素材やテクノロジーを取り入れている方もいます。モノづくりの伝統を守りつつ、新たな価値を提供していこうとする姿勢は、私も同じです。そのときに、外し方の限界を超え、崩し過ぎて遊んでしまうのは好きではありません。「品」や花嫁の「可愛さ」は残しておきます。

主に崩す場所は、衿元や頭。たとえば、加賀友禅の伝統的な着物であってもパステル調の刺繍半衿に変えると華麗に変化します。鶴の吉祥模様の色打掛であれば、ヘッドに和紙でつくった鶴をつけてみたり。ほかにはスワロフスキーを使用したり、日本髪に洋花をつけたり、「尾長飾り」のふさを外して髪飾りで使用するなどもあります。

特に私は伝統職人の技を取り入れて格調高く演出するように試みています。すると和装姿を一層美しく引き立てます。古典的なかんざしからモダンな印象の髪飾りまで取り揃えてコーディネートをします。このような小物を都度用意するのは大変なことなので、普段からアンテナを張るようにして集めます。かんざしを含めたかざり細工は日本が誇る工芸品で探すのも楽しいものです。

豊かな発想にチャレンジする姿勢が大事

コーディネートをする際には、衣装からインスピレーションを得てヘッドを発想します。日本の伝統技術であるべっ甲や彫金、蒔絵、和紙、水引きなどは一つひとつ丹精を込めた手づくりのものを使用することで、花嫁衣装の格を上げて演出できます。

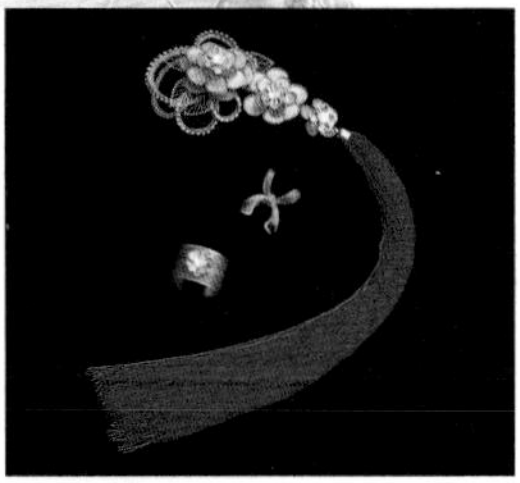

個性ある髪飾りを合わせるだけで独自性のあるコーディネートに

左／和紙で鳥の羽のヘッドをつくりおめでたい感じを演出。

右／尾長飾りは、高島田かつらの髷の部分に尾長鳥のように魅せる髪飾りですが、今回はそのヘッドセットは尾長のふさ部分を外して使用しました。

美しい刺繍半衿を合わせるだけ華やかな印象になる

着物の柄に合わせたり、着物のなかの１色を選んで合わせたり、半衿を変えたりするだけでコーディネートのランクがぐっと上がります。これこそ花嫁着付け師の腕の見せどころのひとつといえるでしょう。

和装スタイリング 法則5

大胆に変化させる

鮮やかなアンティーク打掛の下に引き振袖でレトロモダンな着こなしも

最近、「引き振袖に色打掛をかけるスタイル」といった大胆な着付けも行っています。お客様の間でも要望があるのですが、これまで、衣装屋さんは「引き振袖は引き振袖」、「色打掛は色打掛」で提案してこられたので、新しい潮流に驚いています。実際のお客様の使用スタイルは、引き振袖で式をしたあと、披露宴で色打掛をかけるということが多いのですが、これは時間短縮にもなるので、そこが人気の理由でもあります。

この「引き振袖に色打掛」のコーディネートで重要なことは、色合わせのセンスです。豪華な色同士のコーディネートにもなるので、ごちゃごちゃしてしまいがちですが、それを品良くゴージャスに仕上げるのがポイントです。組み合わせとして、私はなるべく色を3色に抑えることを心がけています。

たとえば、左ページにあるように黒の引き振袖にゴールドの色打掛などは新しく大胆な装いの提案になります。ところで、実はこの「引き振袖に色打掛」という組み合わせは、昔からあったことが左ページにあるポストカードからもわかります。

引き振袖×色打掛という大胆華麗な演出

この組み合わせで最も大事なのは色です。

あえて古典的な色彩を現代色とコーディネートすることで、新しい感覚の着こなしを表現。

上級テクニックですが、特別な日だからこそ、花嫁さんにとっては最高の演出になるはずです。

王道の黒の引き振袖に
全面金糸で彩られた豪華な色打掛が
絶妙な組み合わせで華やかな印象に

昭和初期の結婚式でも、「引き振袖に色打掛をかけるスタイル」はすでに存在していたことがこのポストカードでわかる（私物）。

第6章

ワンランク上の「花嫁着付け師」になるためには

花嫁の一生に一度の婚礼を受けもつ花嫁着付け師には、
高度な「技術」と「接客」が求められます。
それは婚礼全体を理解して、
花嫁に寄り添った本物のおもてなしができるかどうかです。
プロの花嫁着付け師になるための
人としてのあり方、考え方など
私がこれまで通ってきた道を参考にお伝えします。

唯一無二の花嫁着付け師になるためには

一流の着付け師に備わっているものについて考えてみる。

本物になるためには本物を追求する

花嫁着付け師を目指したら、婚礼のその日、もっとも美しい花嫁姿をつくり上げていく技術と、花嫁に寄り添うおもてなしを身につけ、本物になってほしいと思います。

世の中にはいろいろなものがたくさんあるので本物を見分ける目をもつまでには時間がかかるかもしれません。それでも、一流のものを見て、あなたのなかに秘められている本物（一流）を引き出してください。一流の芸術品に出合ったとき、思わず見とれてしまいませんか。私も京都でアンティーク着物を探しに行った際や、お客様のご自宅に着付けに行った際に一流品と出合うことがあります。しっとりとした深みのある気品をまとっている着物や、丹精込めた織りや染め、刺繍には本当に魅了されます。

花嫁着付け師として、「本物を見抜く感性」を磨き、本物を目指していくために、私は四季を感じ、自然を享受し、古い時代の着物や道具、美術品の展示を見るようにしています。時代の要求のなかで芸術性が磨かれ、美も技もどんどん上がっていく過程をつぶさに見るのです。絵画も音楽も文学もそのような見方、聴き方、読み方などをすると、自分が磨かれていくことがわかると思います。焦って身につく「本物」はありません。

また本物（一流）と呼ばれる人はどのような人でしょうか？　輝かしい功績をもっていれば一流なのでしょうか？　私はそうだとは思いません。自分のするべきことを徹底的に実行し、いいときも不調で苦しいときもリズムを変えないで努力し、誰に対しても穏やかに接している。そんな姿を見て、称賛するのではないかと思います。だから私たちは仕事ぶりと人間的な魅力の両方を備えている人を本物と尊敬するわけです。そのように、本物とは限られた人だけのものではなく、すべての人がもっている資質なのです。ほかを思いやる気持ち、ありがとうという感謝の心、困っている人に手を差し伸べる優しさ、自分に非があったらそれを認めて謝る素直さ。こうした、人としてまっとうな心を大切にし、またそれが身に備わっていることが本物の基本であり、絶対の条件です。

いつも10年先の自分をイメージして着付けの技術も、接客も、心も、振る舞いも、時間をかけて少しずつじっくりと一流のものを身につけていく。そんな気持ちでいたら年を重ねるごとに美しさを増していくと思います。

時代の潮流を読みフレキシブルに動く

私が着付けを始める前の日本はまだまだ和装婚礼が主でした。実家が呉服問屋だったこともあり、親からも親戚からも「着付けぐらい習っておいたほうがいいのでは」ということで、証券会社を退職した頃に、近所の着付け教室で習い始めたのです。それから、身近な人に着付けをし始めました。すると「着崩れないのに苦しくない」と、評判になり、多方面から着付けを依頼されるようになったのです。これが着付け師の原点です。習い始めて7年後には本格的に独立して着付けを請け負うビジネスを始めました。

ところが、80年代から90年代に向かって和装婚礼はどんどん廃れ、チャペルウェディングが台頭していきます。あきらかに時代の変化が起きていました。日本人は七五三も成人式も神社に行くのに、なぜ結婚式は神社ではないのだろう？　お正月だって受験祈願だってするのに……と、不思議でなりませんでした。和装婚礼こそ、日本人の象徴ですし、厳かで素晴しいのになぜだろう、と。とはいえ時代の潮流を知るために、和装一辺倒だった私も、ウェディング全般をわかっていたほうが仕事の幅が広がるのではと考え、ドレスについても学ぶことにしました。

ちょうどその頃、新鋭のドレスデザイナーに出会ったのも縁でした。そこでは3年間みっちりドレスについて教えてもらいました。ドレスはカッティングによるおもしろさ、曲線ラインで美しさが表せることなど、着物の平面とはまったく違う世界観を発見でき新鮮でした。

ドレスづくりでデザイナーが意識していたのは、デコルテラインと肩のラインでした。女性の美しさが、胸元から顔に繋がる首の部分と肩の柔らかいラインなのだということを知り、私は、和装でも取り入れることにしました。ドレスの知識を得ることで、お色直しにはドレスの考え方を取り入れた和装のご提案ができるようになり、世の中の趣向がドレスに移行していっても私の仕事はフレキシブルにその波に乗ることができました。

今やSNSが情報発信をリードする時代です。私も結婚式や花嫁衣装については、より敏感でいるようにしていますし、発信することもしています。ましてや、先の計画が立てにくくなった昨今、来月、来年、3年後、10年後の世界の状況、日本の状況が予測できません。そのようなときは、顧客のために何を優先すべきかを考える必要があります。これまでの人生を振り返り、私がドレスを学んだように、時代の流れを感じてフレキシブルに動きます。もちろん、自分で変えていくことと、まわりから知らされて変えること両方がバランス良く合わさってこそ、時代に乗っていけるのだと思います。

誰が見ていなくとも「接客」を実行する それが本物のおもてなし

日本の美意識がつまった伝統衣装で晴れの日を迎える花嫁。着付け師は、花嫁の本来の美しさと魅力を引き出すために、高度な「技術」を施します。ここでは、技術と両輪であるもう一方必要な「接客」について述べます。

花嫁着付け師は、挙式当日、花嫁に1日寄り添います。「1日寄り添う?」と思った方がいるかもしれませんね。前述したとおり、「着付け師です」といって、着付けるだけが仕事だと思っていたら花嫁着付け師は務まりません。実際の花嫁着付けの時間は20~30分かもしれませんが、花嫁着付け師の仕事とはその30分をいうのではなく、準備から式への送り出し、ご家族への接遇、花嫁の介添えをし、笑顔で送り出して家族に挨拶するまでの接客が、花嫁着付け師の仕事です。

着付けの部屋では細かい接客と作業ができなければなりません。履き物を揃えることから始まって、脱がれた肌着などは素手で触らないように手袋でたたみます。使用した肌着や足袋、使用していない物には区別してメモを貼ってわかりやすいようにしておきます。また、花嫁が虫に刺されたら塗り薬、切り傷ができたら絆創膏、そのようなものもすぐに出せるように準備しておくのです。なにか困ったことに対応できるように七つ道具は肌身離さず備えておきます。案外、新郎新婦が忘れていることに天候のことがあります。特に神社は外なので、急な雨対応にコンパクト傘、着物を着ると暑くなるので扇子やミニ扇風機なども欠かせません。

ただ、やり過ぎはいけません。お客様の負担にならないように考えることが大切です。着付け師は、私たちが着付けしやすいから、自分たちがやりやすいからという視点ではなく、お客様が「今、なにを欲しているか」を察知する力が必要です。さらには、誰がいなくとも、その場に心地よい空気をつくり、過ごしやすいようにしておくことです。

新郎新婦の写真撮影の際、「一緒に写真に入ってください」といわれることもあります。普通、着付け師が写真撮影に入ることはあまりないかもしれません。お客様の大切な思い出の1ページに一緒に残ることは、大変恐縮な気持ちですが、とても光栄であり喜ばしいことです（汗だくの姿で写るのは少し残念ですが……）。そのような「残る仕事」をしていることに誇りをもっていいかもしれません。この仕事が好きだと思える瞬間でもあります。このエピソードは、着付けが綺麗に仕上がって良かったという自己満足以上に、細かい接客の数々を喜んでいただけたということなので、もっと大きな達成感になるのです。

お客様の御礼のメッセージを拝見するにつけ、満足されたことに安堵しています。

「着付けが綺麗に仕上がりました」といって、「ありがとう」をひとついただき、介添えができれば「ありがとう」が2つ、さらにご家族にも1日つかせていただき、「ありがとう」が5つにも6つにもなって幸せな気持ちになります。そんな話をスタッフともよくします。お客様の記憶に残る着付け師になれたでしょうか、と。着付けるだけの着付け師だったら、お客様の記憶には残らないのです。

お客様のかゆいところにも手が届く気配りができるか、誰が見ていなくとも「接客」を実行できていれば、必ずやリピートにもつながっていきます。

そのために、打ち合わせを重ねるたびに記録し、対応力のあるスタッフを揃えるようにしています。テンポが速いお客様には、着付けも接客もテンポが速いスタッフを、逆におっとりとしているお客様には、おっとりしたスタッフをキャスティングします。このスピード感は、結婚式のスピード感とだいたい同じなので参考にしてみてください。

人生の節目を刻む大切なとき一期一会の精神でおもてなし

日本人は、出会いを「一期一会」という美しい言葉にして、心の寄りどころにしてきました。一期一会は、茶席では「一生に一度」という思いを込めて正客と誠心誠意、真剣にお手前をするという茶道の言葉です。私は人との出会いや別れのときに気遣うことを基本精神としていますが、和装婚礼の「接客」についても同じだと思います。結婚式もまさに、人生の節目を刻む大切なとき。お客様が満足して帰られたことに、着付け師自身も喜びを感じるもので、普通はこれで十分かもしれません。しかし、和婚プランナーとして入る場合は、お客様が家に帰られたあと、精魂こめてもう一歩の気遣いをします。何事もなく帰宅されることを祈りながら見送り、着付け師自身、今日のことを振り返り、まずはメールで御礼をします。寝る直前まで、「今日は良かった」とお客様のことを思う心が相手にも通じます。

出会いを有意義なものにし、お宮参り、七五三など「人生の節目にまたお会いできる」という心構えをもってお客様と接しています。これはまさに、着付け師と和婚プランナーをやっているからこそ味わえる喜びです。

婚礼に「テーマ」をつくれるか 和婚プランナーの腕の見せどころ

私のところに来られるカップルの方々は、会場セレクトから衣装の用意、着付けなど和装婚礼のトータルプロデュースを依頼されます。私どもは最高のおもてなしをするために、初回打ち合わせ、メイクリハーサル、試着など最低3～4回は打ち合わせをします。この数回の間に、新郎新婦のことやご家族のことを理解して、お客様の婚礼をどのような「テーマ」で演出していくかを考えるのです。通常の式場のプランニングは会場の環境に合わせたひな形がありますが、私どもは、「どんな婚礼をされたいのか」から始まり「テーマ」を見つけ出していきます。もちろん、新婦の希望を聞くことが第一ですが、たとえばヒアリングによって、「母が結婚式に使った帯を使いたい」という要望があったとします。その帯を見て吉祥模様で挙式が秋だとしたら、次に当社にあるアンティークの紅葉、松、鶴などの有職模様の華やかな色打掛を思い浮かべます。そのときに「松華鶴舞」などとネーミングも考え、これを仮テーマに据えます。「色かんざしは、少ししとやかに小花に」、「半衿は刺繍半衿で愛らしく」、などと頭のなかでどんどんイメージをふくらませます。そう思うと、おもてなしにもっとも必要なのは「想像する力」なのかもしれません。最初の打ち合わせでここまで仮提案ができたら、次のメイクリハーサルで衣装合わせをすれば多くのお客様は喜ばれます。このように、着付け師でもプランナーの仕事をやるべきだと思います。

和婚プランナーの仕事をすることで結婚式全体の仕組みがわかり、式場でお客様が何を欲しているかがよくわかります。和婚プランナーは、現場を偉そうに仕切る人ではなく、当日までの段取りをいかに整え、いかにきめ細かな接客をするかが大切です。婚礼というおめでたい席だからこそ、失敗は許されません。新郎新婦にとってはもちろん、ご家族や招かれたゲストの方々にとっても思い出に残る式ですから和婚プランナーはキーパーソンなのです。

「コミュニケーションが苦手」だという人にとって、接客はたやすいことではないでしょう。ですが、まずは雑談力を身につけておくことが必要です。それは世間話をするということではありません。お客様のことを引き出すための雑談です。そのためには、日頃から自分の世界を広げておくこと。第3章でも花嫁衣装の基礎知識について言及していますが、最低限の知識を身につけておくことはとても大事です。

美意識を高めるためにしていること

プロの着付け師がどんな自分磨きをしているのか考えてみる。

美はディテールに宿る

「美はディテールに宿る」という言葉があるように、花嫁さんの美しさをつくるときにディテールへの注意は欠かせません。

微妙な違いで印象が大きく変わる、ディテールは着付けの技術だけではありません。普段から自分のイメージを上げていくことで感性を磨いていきます。そのために、いつもスタッフたちに話していることは、日本の文化や伝統に興味をもつ重要性です。たとえば、スタッフのなかにはアンティークのかんざしを探すために情報を収集している人がいます。心がハッとさせられたものに出合うと、その時代背景を調べたり、成り立ちを知ることでデザインに対する美意識が備わっていくようです。

また、名画を鑑賞したり一流の音楽を聴いたり文学に親しむこともいいですね。あなたの心が震えるものとの出合いがあれば、それこそが、審美眼を養い、センスを磨くことになるのだと思います。

よく、お客様や生徒さんから「先生の色使いは着物の因習にとらわれていなくて斬新ですが、どこで習ったのですか」といわれますが、私はカラーについてどこかで学んだことはありません。これまで花嫁衣装の世界では小物のコーディネートに「青」はあまり使用されてきませんでした。しかし、日本絵画をたくさん観に行ったり、日本画の本や資料からも独学していくと、絵のなかでは差し色として「青」が使われていてとても粋なことがわかりました。また、フランスの配色が意外と江戸の配色と共通する点も多いことなど、さまざまな角度から学びました。

それらをコーディネートでも実践するようにしたら、雑誌などで高く評価され、婚礼でも「青」やフランス配色の小物使いが人気になりました。色ひとつとっても、興味をもって絵画を観るなど美意識を高めていくことはできますが、それは外食したときに料理、器、しつらいをよく観ることからも得られますし、街を散歩しながら季節の移ろいを感じることからも得られます。

また、美意識を高めることは、色に影響するだけではありません。着付けの「スタイル」や「プロデュース」にもかかわってきます。いつも「私は花嫁着付け師」という気持ちでモノを観る習慣をもち、関心を高めていれば、カラーを習わなくとも、目から記憶にとどめることができます。ぜひ、美意識を高めてオリジナリティをもつことをおすすめします。

内面の美を養ったら外面の美も磨く

内面の美を養ったら外面の美も磨いて、よりあなたの魅力を出してください。体調の不安やストレスがあると、目にも、所作にも表れます。花嫁着付け師の仕事は体力勝負のところもあります。花嫁も重量のある打掛をかけますから大変ですが、着付けが着心地よく、それでいて崩れないようにするために、着付け師には技術を支えるパワーが必要です。着付け時間は20～30分ですが、恐らく短距離走をダッシュするくらいの運動量があるのではと思います。疲れてくると、目力が弱まり、笑顔での対応ができなくなったり、心配りが薄れてきますので要注意です。くれぐれも自分の体のケアを怠らないようにしてください。

コロナ禍以降は、常にマスクをしているので「表情が隠れてラク」という人もいますが、マスクをすることで口周辺のケアは前ほど気を使わなくてもいいのでは、となりがちです。すると、だらけてほうれい線などのシワも気になってくることでしょう。マスクだからこそ、目だけの表情で相手に優しさを伝えるのは意識しなくてはいけません。信頼感や安心感は、内面から放たれた温かい微笑みだということを忘れないでください。

神聖な場所を訪れることや掃除をすることで美意識は磨かれる

私は花嫁着付け師として神社での結婚式を数多くプロデュースしているので、勉強のためにと思い、時間があればいろいろな神社に立ち寄ります。いつも思うのですが、どこの神社も緑が多く、きれいに掃き清められた参道や静かな境内、石段には打ち水がしてあるので、それらを見ると心が落ち着きます。花嫁は、このような場所で一生に一度のかけがえのない結婚式を挙げるのです。神聖さをより高められるのはこういった美しさがあるからだとあらためて思います。このように、たまに神社に行き、花嫁の立場になって、その景色を見て感じることは大切です。花嫁着付け師であればきっと「私たちの仕事も来られた方が清々しい気持ちになる空気感をつくるようにしなければ」と身が引き締まる思いをするはずです。

そしてその翌日には、花嫁着付けの現場でも「花嫁が過ごされるお支度室も清潔に保たねば」という気持ちになるでしょう。特に花嫁の視線に入るところ、私たち着付け師も映る鏡にも美意識をもってほしいのです。鏡は手垢のつかないように磨き、足下にはごみがないように。婚礼に携わるすべての場所を美しく保つこと、その美意識をもち続けてください。

ビジネス感覚を研ぎ澄ます

着付け師としてウェディング業界の問題を考える。

花嫁着付け師になれば仕事の幅が広がり収入も増える

着付けは好きだけど、プランニングや、接客はしたくなくて、雑誌や広告の仕事はしてみたいという人は意外と多いのですが、華やかな仕事に目が奪われるようです。このような仕事をするためには、まずは花嫁着付け師としての「技術」と「接客」の両輪ができる必要があります。それができてこそ理想の仕事につながっていくというものです。

和婚プランナーとしてプランニングやお客様へのおもてなしなど婚礼のすべてを理解できるようになると、花嫁着付け師という仕事を通してもさまざまなビジネスが見えてきます。

私は、たまたま婚礼の会場運営という事業にチャレンジしましたが、結婚式の知識が増え、会場運営での盲点に気がつくようになりました。すると、パートナー企業様と良好な付き合い方ができるようになり、今、自分でビジネスをする際に大きく役立っています。

たとえば、和婚プランナーとして結婚式場やホテルで「プランナーもできる花嫁着付け師」としての活躍の場があります。また、現在はフォトウエディングが盛況ですから、着付けをして「形付け」ができれば、写真館における花嫁着付け師として活躍もできます。もし人に教えることが好きであれば、着付けの講師業もあります。

それこそ、ビジネスチャンスがたくさんあり、収入も増えていきます。着付け師の仕事は定年もありません。技術さえあれば年齢を重ねてもできますし、経験が増えることで仕事の質も上がっていくはずです。ぜひ、花嫁着付け師を目指し、トータルに仕事ができるようになることをおすすめします。重要なのは、花嫁着付け師は、サービス業・接客業であると理解することです。だからこそ、お客様の仕事はもちろんですが、企業から、メディアから、教育現場、行政など仕事の依頼につながります。そして、どの仕事も究極は、人とのコミュニケーションが要です。それがあってこそ、はじめて接客業ができ、オールマイティに仕事ができるというものです。

私の依頼される仕事はありがたいことにほとんどがリピートです。良い仕事を続けていけば、いろいろな方からご紹介も受けます。私は、「クレームゼロの着付け師」を掲げて運営をしてきました。そこには利益よりも、まずは信頼を築くことが一番といった思いがあったからです。利益はあとから付いてくるものと信じています。

美容師免許がなくても花嫁着付け師になれる

「美容師免許がないので着付け師にはなれません」という方がよくいます。いえいえ、美容師免許がなくても着付け師にはなれます。

私は美容師の免許はもっていないのでヘアについてはノータッチですが、「美容」として「着付け」の仕事を受け、美容師は専門スタッフを、着付け師も専門スタッフが行う分業で行っています。着付けというのは、昔は美容師が行う仕事だったので、一部では今でも美容師が着付けを行っているところもあります。それこそ、昔は自宅で花嫁の支度をして出て行きましたから美容師が花嫁の家に行き、ヘアも着付けもしていました。現在も古き良きこの風習が残っている地域もあります。そのようなこともあり、美容師免許がないと着付けができないのではと思っている方も多いのですが免許は不要です。技術を身につければ、どなたでもなれます。興味がある方は調べてみてください。思い起こせば、日本の花嫁専門誌では、約10年前までは美容師が着付けを担当されていました。今では、「着付け師」という職業が確立され、図らずとも「花嫁着付け師」の仕事も市民権を得たのかもしれません。

オンリーワンの着付け師になる

ここまで、「花嫁着付け師」になることを推奨してきましたが、花嫁着付け師は、信頼できる仲間がいて成り立ちます。一緒につくり上げるスタッフとの出会い、そしてスタッフとの絆を育み、多くの人たちとビジネスを軌道に乗せるには、自分が思う自分、他人が思う自分、自分がなりたい自分を常に意識して確認しておくことが必要です。そうすれば、重要な決定も不安なく進められます。ビジネスでは、「前例のないこと、オンリーワンのこと」に挑戦することが成功の前提だといわれますから、自分ならではのウリを見つけてください。

私の場合は時代の潮流を意識してドレスを学んだこと、結婚式場を運営したこと、これは潮流に巻き込まれることなく突き進み、その後婚礼をトータルでプロデュースするようになりました。私が成功しているとはいえませんが、自分の信念がしっかりしていれば、影響を受けて自分に合わない決断をしてしまうこともありません。ビジネスの観点では、流行っていることを取り込もうと思いがちですが、自分の本当にやりたいことは何なのか、それが本当に好きなことなのか、自分の信念に触れるものなのかどうかは、よく立ち止まって考えてください。

信頼される仕事をして評価されることが本当の営業力

「花嫁着付け師」でやっていこうと定まったら、次は営業力をつけていかねばなりません。よく、営業というのは自分を売り込んだりアピールしたりすることだと思っている人が多いのですが、一つひとつの仕事を抜かりなくこなしていくことで、お客様に満足していただけたら、それが評価であり営業力を上げたことになります。

当社は、婚礼のトータルプロデュースをしますので、婚礼が決まったカップルには事前打ち合わせからヘアメイクリハーサル、小物合わせなどを経て本番を迎えます。どのタイミングにおいても、新郎新婦がいらしたら、その背後にいる方々への気遣いを忘れてはなりません。

花嫁着付け師や和婚プランナーは、花嫁にかかりきりかといったらとんでもありません。花嫁に意識がまわり過ぎてはいけないのです。メインは新郎新婦ですが、お財布を握っているのは、ご両親だったり、ご祖父母だったりということもあります。決定権がある方の意見も聞きながら、新郎新婦の話も汲み取り、携わる全員が満足されることをプロデュースしていきます。

打ち合わせや試着などに、お母様もついてこられるケースもあります。挙式や披露宴のスポンサーがご両親ということも多いので、よくよく気を配ります。新郎新婦の意見はもとより、お母様の意見を聞いて、気分良く準備ができるようにします。新郎新婦、ご両親など皆さんのモチベーションを上げていくのも花嫁着付け師や和婚プランナーの仕事です。

特に予算立ては難しいものです。それでも、予算のなかで最大限の価値を高めるように、たとえばヘッドドレスで使用する花は、生花を施したいとのご要望があった場合には、予算以上に豪華な物でできるような提案をします。何に向かうとしても、まずお客様の反応を考えてどうしたら喜んでいただけるのか、そのためにはどういうところで努力すべきか、工夫をすべきか。これはまさしく、おもてなしの根底にある気持ちです。

また、お客様が心地よくゆったりとできるよう「なんとなくいいな」と安心感を感じていただけるような環境をつくっていきます。

婚礼当日にはどんな要求でも迅速に対応し、信頼感を得ていただけるように努めます。ただし、気を使い過ぎて、「あなたのために、こんなにも気を使っていますよ」と思わせるのは、一流の気遣いではないので気をつけてください。さりげなく、心地よく、人の記憶に刻まれる仕事をしていくことが大切です。

何が必要なのかがわかったから大きなことに挑戦した

私は長年花嫁着付け師、和婚プランナー、和装スタイリストをトータルで請け負う事業を行っていましたが、それを生かす場所として2013年から5年半もの間、挙式から披露宴まで一括でできるウェディング会場の経営にも挑戦しました。恐らく着付け師では初めての試みだと思います。

通常、婚礼業界は会場として式場やホテルがあり、貸衣装、美容、写真、装花、音響などの業者がいて成り立っています。一般的な着付け師は、美容として依頼を受けて式場に入っていくので、私も下積み時代はそのなかのワン・オブ・ゼムとして働いていました。

しかし、着付け後の待ち時間がもったいないと思い、披露宴の進行をつぶさに観察し、積極的にプランナーの手伝いをして学ぶようになりました。その中で花嫁着付け師とプランナー、和装スタイリストができたうえで、全体をプロデュースしていけば、完成度の高い婚礼を提供できるのではないかと思うようになったのです。

運良く広尾にある100年もの歴史がある邸宅を使用することが叶い、アンティーク着物を扱う私のコンセプトとぴったり合う場所が見つかり、思い切って式場運営をすることを決断しました。

もちろん、このような事業を決めるには協力者も融資も必要でした。それまで一緒に花嫁着付けをつくりあげてきたヘアメイク、フォトグラファー、衣装関連、レストランシェフなど、皆の手を借りての決行です。私も業者のひとつだったので、彼らの気持ちを汲んで運営することによって、神社での式やその後の披露宴、撮影にいたるまですべてを円滑に仕切り、婚礼全体のプロデュースができるようになったのです。軌道に乗せるまでは産みの苦しみがありましたが、おかげさまで5年半で350組の幸せな結婚式をプロデュースすることができました。

式場運営という大きなチャレンジをしたことは、ビジネス感覚を養う良い機会となりました。と同時にこれまでの自分を脱皮し、着付け師としてこの先どのようにビジネスを展開していくべきかという課題も見え、本当に貴重な体験でした。

運営していた「ラッセンブリ広尾」。バンケットルームの「和のテーブルコーディネート」とペーパーアイテムのデザインは、すべて自分自身で手掛けていた。

心のあり方と保ち方

何が起きるかわからない世の中だからこそ、心のあり方が大事。

細部に感覚を行き渡らせることで幸福感を得る

人間ですから、感情がマイナスに振れることがあります。そういうときこそ、プラスにもっていく工夫をすることが大事です。

私は神社での結婚式をプロデュースする機会が多いので、いつも木々の緑の恩恵にあずかっています。木々のなかで深呼吸をしてマイナスイオンを吸い込み、細部にまで良い気を行き渡らせることで頭が整理され、英気が養われ、ストレスを和らげることができます。このようになにか自分なりに心地よさを探しておくことは大切です。そういった意味で、神社めぐりをしたり、心おきない人と食事をしたり、ペットとの触れ合いなどを通じて幸福感を得るようにしています。心地よさを意識すると、自分の価値観や感性が心地よいと思うもの、自分にとって必要なもの、自分を受け入れるものがわかってくるようです。

年末には毎年『伏見稲荷大社』にお参りに行きます。『日本書紀』にも書かれていて、その歴史は1300年にも及びます。今では、外国人が日本で一番多く訪れる神社として有名です。

1万本程の鳥居が参道全体に並んでいて、その鳥居をくぐり抜けるとき、どこか異空間へ移るような錯覚を覚えるのです。1年間の感謝を伝え、新たな気持ちに入れ替える大切な時間を『伏見稲荷大社』で過ごします。そのほかに、古い建物をレストランとしているお店やインテリアショップにも寄って現代感覚が融合された作品に出合うと、幸せな気分に浸れます。

私のまわりでも平常心を保っている人は、自分で自分をこまめにケアしてプラスにしていく努力をしているように思います。彼らを見て思いますが、幸せの感度が高いのか、何でもありがたいと感じています。何か悪いことが起きても「これを通じて自分になにかを教えてくれたんだ。こんなに早く気づけて良かった」というように。こういう人はどんな状況でも幸せを感じられる人なのです。

私は、一人ひとりがそれぞれの環境でまわりの人を幸せにしていくこと、それが使命ではないかと思うのです。使命とは誰か選ばれた人だけにあるのではなく、誰にもあるもので、花嫁着付け師であれば、今日、目の前の花嫁さんを輝かせることが使命です。そして、周囲を幸せにしたいと思ったら、まずは自分が幸せに生きることです。すると、そのパワーがまわりに波及します。すべての発展と繁栄は一人から始まるということを、結婚式に携わると強く感じます。

これまでの「当たり前」にどう新たな提案をしていくか

花嫁着付け師としてキャリアを積んでいくと、効率よく仕事をしていこうと思うかもしれません。花嫁着付け師の仕事は朝も早く、待ち時間が長い現場もありますし、現場では支度から引き上げが面倒だと思うかもしれません。しかし、花嫁着付け師の仕事は接客業だと考えたら、「効率良い」ということはあり得ないのです。あなたが、花嫁着付け師として確立していきたいと思っていたら嫌な仕事、面倒な仕事こそ進んで行ってみてください。

たとえば、支度室の掃除や鏡拭きから始めて、部屋を整えておくことでもよいでしょう。どんなにか着付けがしやすくなることか。写真撮影のときには、参列者の皆さんの荷物をお持ちしたり敷物を敷いて荷物番をしたりもしますが、フォーマルバッグの場合は隣同士がぶつからないように、手袋をして丁寧に扱います。なにかをお預かりするときは、ジッパーのついたビニール袋に入れて「こちらに入れてバッグに収めてください」とわかるようにします。仕事とは、効率を良くして生産性を上げ、評価されることだけではありません。私たちは一人ひとりのケアをすることでトラブルを未然に防ぎ、ひいては「クレームゼロ」という評価が与えられるのです。

新型コロナウイルスの世界的な流行で、私たちの行動の「当たり前」は変わってしまいました。結婚式もまた、これまでの「当たり前」が大きく変わったことのひとつです。たくさんのゲストを呼ぶ婚礼も披露宴も控える方向になっていきました。ところが、結婚式というメモリアルをなんとかして残すために、新郎新婦は家族という最小単位で式を行い、フォトウェディングという新しいスタイルを支持するようになってきています。これからの結婚式は、自分らしいオリジナリティのあるこだわりの式を選ぶカップルが増えると思います。会場も、ヘアメイクも、フォトグラファーも、そして着付け師も、それぞれのアーティストを自分たちで選んで式をされるはずです。そうしたときでも、花嫁着付け師として期待以上の技術と接客で仕事をしていかねばなりません。

一方、コロナ禍でリモートワークにより、自分の仕事のスタイルを見直した方も多いでしょう。私の着付け教室には、今回のコロナ以降、「着付けを習いたい」という方が大勢訪れるようになりました。今の働き方を見直して、手に職をつけようと思って、という方がほとんどです。私もいち早く、全国の花嫁着付けを習いたい方に、花嫁着付けのライブ配信を開催し反響を得ました。世の中に変化が起きても結婚式は普遍的なもの、必要なものです。花嫁着付け師を目指す方は、今こそ自分を変える機会、絶好のチャンスといいたいです。

おわりに

ここまでお読みいただきありがとうございます。本書をつくりながら、花嫁着付け師として楽しかったこと、苦しかった日々、たくさんの出会いや別れなどさまざまなことが蘇り、不思議にも新鮮な気持ちで自分の半生を振り返ることができました。そして、あらためて花嫁着付け師とは、花嫁さんの雰囲気や体型に合った着付けを施すことで、最良の日の晴れ着を特別なものにして差し上げられる素晴らしい仕事だと実感しました。

着付けの技術を上げることで、全体のバランス、シルエットの美しさにお客様の心が動くこと、私たちのなかに美しさの基準があるということもおわかりになったでしょうか。そこには技術はもちろん「心」が通っているかどうかも大切なので、奥の深い仕事、それが花嫁着付け師の仕事です。

これまで多くの花嫁さんの着付けをしてきましたが、先日60歳初婚の花嫁さんの着付けに携わりました。お母様の100年前の白無垢をお召しになったので、まさに本書で述べた「サムシングオールド」です。お母様のものを身につけることによって幸せになれるという意味をもまとうのですから、輝きを増した花嫁さんの瞳からは涙が止まりませんでした。実は、お母様は、この日を誰よりも心待ちにしていたのですが、式の1カ月前に天へ召されたのです。花嫁さんは、「私がこの歳まで花嫁姿を見せられなかったから……」と自身を責め、一時は喪中でもあるので式を止めようとされましたが、「天国の母に見てもらうために」と挙式を決意されました。

このように、花嫁さんというのは年齢関係なく、人生の晴れの舞台に最も美しい姿で臨むことで人生最大の喜びを得ます。この感動のひと時をご一緒できることは、私にとっても、何ものにも替えられない幸せなことです。だからこそ、いかに花嫁の魅力を引き出していけるか、現代の花嫁たちのリアルな美しさや憧れを表現していけるかに全身全霊をかけます。

また、本書で再三、「ただ着付けるだけではなく、高度な技術や接客の極みを目指すこと」が必要だと述べました。「和婚プランナー」、「和装スタイリスト」など、着物専門分野をトータル的にできるようになるということは、新規の接客から当日までを担います。どこで挙式をされたいかをヒアリングし、神社の特長をご説明したうえでの挙式場所のセレクト、着用する着物のセレクト、試着、メイクリハーサル、当日の着付け、介添え、カメラマンに指示、ご家族や親戚のアテンドなど、お客様の笑顔に寄り添って、晴れの日を迎えるお手伝いを総合的に行うことです。

前書が出てから、思いがけない反響によってさまざまなメディアから注目され、「カリスマ着付け師」と呼ばれるようになっていきました。「着付け師」の仕事が世の中に知られて嬉しい反面、不本意な依頼も増えて自分の意思とは違う方向に行きそうになることもあり、とまどいも隠せませんでした。

同時期に、ある出版社から、中学校の道徳の教科書の副教材『仕事・職業事典（ポプラ社）』に「着付け師の仕事を掲載したい」との依頼もありました。私は、「着付けの技術も日本の伝統技術です。お客様に美しく着付けて喜んでもらえる素敵な仕事ですよ」という話をしました。とりわけ、数多ある職業のなかのひとつとして「着付け師」も選ばれたのです。子どもたちに着付け師の仕事が伝わるのかと思うと、これまでこの仕事を広めてきたことが、報われる思いがしました。

出版後のこのようなさまざまな出来事、経験から、「私は何をすべきか」の軸をブラさず、自分の仕事に誇りをもって、しかしおごらず日々努力をしていかねばと感じたものです。

私の生きる道にも、大事な基準となるものが存在しているということ、そして、それがあるからこその「技術とおもてなし」が生きていることに気づかされました。自分を大切に思えなければ、ほかの方に温かく細やかな心がけができないということです。これからも、「着付け師が目指す、着付け師」でありたい。その神髄を大切にまだまだ精進しなければと思っています。

進む道が、まだ見えていない人もいるでしょう。でも飛び込んでいくか、尻込みするかで人生はまったく違う方向に向かいます。人生の目的は、あなたができることを続けていく先にきっと見つかります。

自分のやりたい仕事を見つけられたら幸せです。なぜなら、毎日の活動に意義を感じるからです。自分にとって大切だと心から思えることを見つけて、毎日取り組むことができるという実感が、日々の生活に喜びをもたらします。

花嫁着付け師に少しでも魅力を感じた方には、ぜひチャレンジしてほしいと思います。

また、本書の取り組みが少しでも着付け師の方のスキルアップの参考、あるいは、着付け師に興味がある方のヒントになればとても嬉しいことです。

杉山幸恵

着付け師・和装スタイリスト・和婚プランナー
杉山《すぎやま》 幸恵《さちえ》

奈良県出身。着付け師歴35年。これまでに1万件以上の着付けを手がける。野村證券株式会社でOLを経験後、着付け教室で着付けを修得し、講師・着付け師のキャリアを積む。独立後、さらに着付け技術を研究し「現場で即戦力となる着付け師を育てる」ことを目的としたカリキュラムのスクールを開講。2007年に株式会社アントワーププブライダルを設立。現在は「晴れの日の上質」をコンセプトに、年間600件以上の一般着付け・婚礼着付け、ウェディングプロデュースを手掛ける。また、着付け師・ヘアメイクスタッフの派遣、着付け師育成スクールを行うかたわら、他業種などへ「顧客コミュニケーション」セミナーを実施。2013年〜2019年、90年以上の歴史ある邸宅で、大人ウェディングを叶える会場「ラッセンブリ広尾」を運営。2021年から国内外向け『ジャパニーズウェディング展』の動画（朝日新聞）にも登場。

画像提供｜東京家政大学博物館
参考文献｜東京家政大学博物館企画展図録「嫁ぐ日・晴れの日・華やぐ日」、
同展示品目録
撮影｜武内俊明
ヘアメイク｜永塚克美（HEADS）、和久あやこ、久保りえ（+nine）
装丁＆デザイン｜久保田遥佳（vivace）
構成｜岡めぐみ（vivace）、高谷治美

花嫁着付け師という仕事

本書についての
ご意見・ご感想はコチラ

2021年11月17日｜第1刷発行

著者｜杉山幸恵
発行人｜久保田貴幸

発行元｜株式会社 幻冬舎メディアコンサルティング
〒151-0051　東京都渋谷区千駄ヶ谷 4-9-7
電話　03-5411-6440（編集）

発売元｜株式会社 幻冬舎
〒151-0051　東京都渋谷区千駄ヶ谷 4-9-7
電話　03-5411-6222（営業）

印刷・製本｜瞬報社写真印刷株式会社

検印廃止

Printed in Japan
ISBN 978-4-344-93679-9 C2095
幻冬舎メディアコンサルティングHP
http://www.gentosha-mc.com/